写真で見る
交通バリアフリー事例集
人にやさしい交通機関の実現

監　　修●国土交通省総合政策局交通消費者行政課
編著・発行●交通エコロジー・モビリティ財団

大成出版社

はじめに

　平成12年11月15日に、「高齢者、身体障害者等の公共交通機関を利用した移動の円滑化の促進に関する法律（交通バリアフリー法）」が施行され、交通事業者においては、旅客施設及び車両について、新設、大改良の場合にはバリアフリー化が義務付けられるとともに、同法に基づき策定された「移動円滑化の促進のための基本方針」により、2010年までに一日の乗降客数5,000人以上の鉄道駅等について、バリアフリー化を進めることが目標とされた。また、同法では市町村が基本構想を策定して、鉄道駅を中心とした一定の地区をバリアフリー化することができることになった。

　さらに、多彩なニーズを持つ多様な利用者が公共交通機関をより円滑に利用できるよう、旅客施設については「公共交通機関旅客施設の移動円滑化ガイドライン」が、車両等については「公共交通機関の車両等に関するモデルデザイン」がそれぞれ策定され、より望ましい整備内容が示されたところである。

　本事例集は、今後バリアフリー化に取り組んでいく自治体、交通事業者並びにバリアフリーに取り組んでおられる方等に対して参考となるよう、まちづくりと連携したターミナル整備からエレベーターやトイレといった個々の設備に至るまでバリアフリーに関する先進事例を集め、分かりやすく解説したものである。

　とりわけ、ターミナル整備に関しては、工夫した点、苦労した点、課題をまとめ、また、エレベーターやトイレといった個々の設備については、上記ガイドライン等の内容を踏まえた解説を加えるなど、市町村による基本構想策定、交通事業者によるバリアフリー化整備を効果的に進めていくことができるよう配慮を行った。

　したがって、市町村、交通事業者等においては、本事例集を活用しながら具体的な取り組みを進めていただくことが期待される。

　なお、本事例集の作成にあたっては、自治体、交通事業者をはじめとする様々な方のご協力を頂いたが、ここに心から感謝の意を表するとともに、広く関係者に活用され、全国各地でバリアフリー化が進むことを期待する。

交通エコロジー・モビリティ財団
会長　大庭　浩

目　　次

はじめに

第1章　まちづくりと連携した先進的な取り組み事例
　1．震災後のユニバーサルデザインを目指した駅（阪急伊丹駅） …………… 3
　2．地下空間が交流、往来の場として機能している駅（湘南台駅） …………… 17
　3．四国の表玄関として陸と海の交通拠点を形成（高松駅、サンポート高松） ………… 27

第2章　旅客施設の取り組み事例
１．移動のしやすさ
　1．1　公共用通路との出入口 ……………………………………………… 39
　1．2　乗車券販売所、案内所等の出入口 …………………………………… 40
　1．3　通路 …………………………………………………………………… 41
　1．4　傾斜路（スロープ） …………………………………………………… 42
　1．5　階段 …………………………………………………………………… 43
　1．6　エレベーター ………………………………………………………… 45
　1．7　エスカレーター ……………………………………………………… 49
　1．8　鉄軌道駅の改札口 …………………………………………………… 50
　1．9　バスターミナル ……………………………………………………… 51
　1．10　旅客船ターミナル …………………………………………………… 53
　1．11　航空旅客ターミナル ………………………………………………… 55

２．案内のわかりやすさ
　2．1　視覚表示設備（サインシステム） …………………………………… 56
　2．2　視覚障害者誘導案内用設備 ………………………………………… 63

３．施設、設備の使いやすさ
　3．1　トイレ ………………………………………………………………… 65
　3．2　案内所 ………………………………………………………………… 69
　3．3　券売機等 ……………………………………………………………… 70
　3．4　休憩等のための設備、その他 ……………………………………… 71
　3．5　鉄軌道駅のプラットホーム ………………………………………… 74

第3章　車両等の取り組み事例
　1．通勤鉄道、地下鉄 ………………………………………………………… 81
　2．都市間鉄道 ………………………………………………………………… 85
　3．路面電車、ＬＲＴ ………………………………………………………… 88
　4．都市内路線バス …………………………………………………………… 89
　5．タクシー、ＳＴＳ ………………………………………………………… 93
　6．旅客船 ……………………………………………………………………… 95

参考　移動円滑化された経路の確保されたターミナルの例 …………………… 99

あとがき

第1章

まちづくりと連携した先進的な取り組み事例

第1章　まちづくりと連携した先進的な取り組み事例

1．震災後のユニバーサルデザインを目指した駅（阪急伊丹駅）

●背景

　1990年代、運輸省（現国土交通省）は、「21世紀を展望した90年代の交通政策の基本的方向について」（1991年6月　運輸政策審議会答申）を受けて、21世紀初頭の本格的な高齢社会の到来に備え、また障害者の自立と社会生活への完全な参加を可能にするために、公共交通ターミナル施設や車両構造の改良を推進することを、交通政策の基本方向としていた。

　このため、交通ターミナルにおけるエレベーターの設置等を具体的に進めるとともに、ターミナル全体のアメニティの確保といった視点から、高齢者・障害者対策をより総合的に講じたモデルターミナルの整備が考えられていた。

　具体的には、今後の手本となるような高齢者・障害者にやさしいアメニティターミナル及びその周辺の整備について、初期の段階から利用者である高齢者・障害者の意見を反映しながら、地方公共団体、事業者等が協力して、まちづくりと一体的に行うものであった。

　阪急伊丹駅は、当時、駅前広場周辺の交通渋滞悪化、放置自転車の増加、高架駅舎までのアプローチ困難、バス停留所の分散等の問題が顕在化しており、駅前広場と駅の一体的整備が必要となっていた。さらに1995年の阪神・淡路大震災により駅舎が全壊したため、モデルターミナルとして選定され、再建への取り組みがスタートした。

事業前の伊丹駅前

震災直後の倒壊した伊丹駅

事業後の伊丹駅ビルと駅前広場（北側）

事業後（東側では通過交通とバスターミナルを分離）

1．震災後のユニバーサルデザインを目指した駅（阪急伊丹駅）

● 検討ー高齢者、障害者等の当事者の参画による検討ー
1．学識経験者、高齢者・障害者団体、阪急電鉄、兵庫県、伊丹市、近畿運輸局からなる「阪急伊丹駅アメニティターミナル整備事業検討委員会（事務局：交通エコロジー・モビリティ財団）」が発足し、広範な意見を聴取し、それを施設の細部に反映。
2．施設配置に関しては、利用者の主動線上に、トイレ、ベンチ、授乳室等「誰もが使いやすい施設」を配置し、その経路に沿って音声ガイド施設、サインシステム等を整備。
3．また、震災の教訓を踏まえ、ホーム先端の避難スロープ等、安全、緊急時対策にも配慮し、これまでの駅施設の水準を超えるものを目指した。
4．さらに、施設完成後に、同委員会において、アメニティ施設の点検、施設運営のあり方等の評価を実施。

● 供用開始
　駅　ビ　ル：1998年（平成10年）11月
　駅前広場：2000年（平成12年）11月

● ターミナル施設の概要
　・屋上　　　：駐車場
　・3階　　　：改札口、ホーム、商業施設
　・2階　　　：ペデストリアンデッキ、商業施設
　・1階　　　：バスターミナル等駅前広場、商業施設
　・地下1階：駐輪場

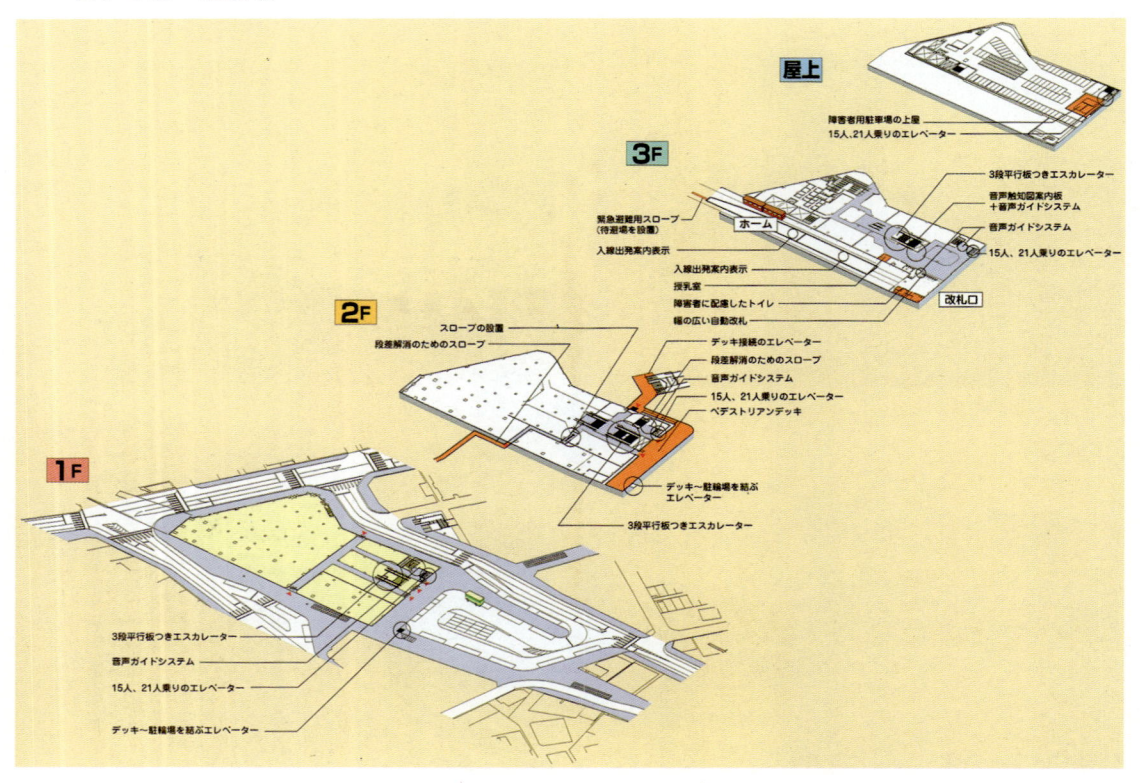

第1章　まちづくりと連携した先進的な取り組み事例

●人にやさしい施設

エレベーター

2階デッキと駅前広場、地下駐輪場を結ぶ
スルー型エレベーター

- 駅前広場には、15人乗りのスルー型（通り抜け型）エレベーターを設置
- 2階デッキ、地上駅前広場のわかりやすい位置、地下駐輪場を結んでいる

スルー型エレベーター内の
浮き文字ボタンのある低位置操作盤

- 押しボタンの階数数字は、視覚障害者が触知できるよう、浮き文字
- 音声により、エレベーター到着を知らせている
- インターホンボタンを操作すると、係員によりボタンが点灯され、聴覚障害者にもわかる
- 扉の開く方向を扉の上方に案内している

駅ビルの21人乗りエレベーター（3階駅改札に連絡）

- 駅ビルにも、地下から3階改札口、屋上駐車場を結ぶエレベーターを2基設置
- 混雑時にも、車いす使用者と健常者が同時に利用できる21人乗り

1．震災後のユニバーサルデザインを目指した駅（阪急伊丹駅）

階段、エスカレーター

- エスカレーターは、上り専用、下り専用をそれぞれ設置
- 階段には2段手すりを設置
- 床面から手すり中心までの高さは、上段85cm、下段65cm

上り、下りの両方向のエスカレーターを設置

- 駅舎のある3階まで吹き抜けになっており、見通しが良い

階段、エスカレーターの部分は、駅舎のある3階まで吹き抜けになっている

ペデストリアンデッキ

- 駅ビル及び駅前広場と周辺施設間を、2階のペデストリアンデッキで結んでいる
- ペデストリアンデッキの通路幅は、車いす使用者2人がすれ違い可能なように180cm以上

2階ペデストリアンデッキ

第1章　まちづくりと連携した先進的な取り組み事例

・駅前広場のデッキ部分に市民が憩える場所を設けている

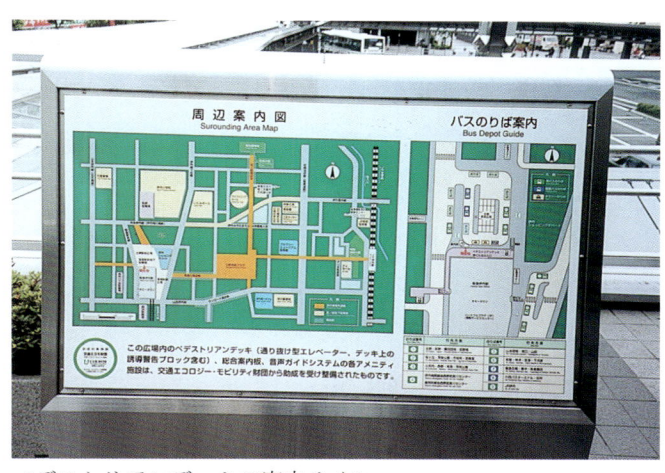

ペデストリアンデッキのベンチ、スルー型エレベーター

・移動経路の主要地点には、周辺案内図、バス乗り場案内図等を設置

ペデストリアンデッキの案内サイン

視覚障害者誘導案内用設備

・視覚障害者誘導用ブロックは、シンプルでわかりやすい動線上に駅前広場から駅舎まで連続して敷設
・改札口からホーム途中のスロープには、磁器質のノンスリップタイルを使用
・スロープの前後と踊り場の床面の色をベージュに変え、弱視者、高齢者等が歩行中につまずかないようにした

阪急駅舎内の視覚障害者誘導用ブロック

1．震災後のユニバーサルデザインを目指した駅（阪急伊丹駅）

- 音声ガイドシステムは、警告ブロック下の磁気センサーが白杖の先端につけた磁気テープに反応する方式と小型発信器（ペンダント）が反応する方式の併用

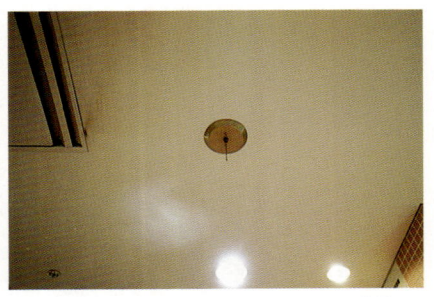

音声誘導システムのスピーカー、受信アンテナ（上：駅前広場、下：駅ビル）

- 視覚障害者誘導用ブロックの敷設ライン計画と磁気センサーの埋め込み位置の調整を実施している

「モノなど置かないで！」の文字を焼き付けた啓発ブロック

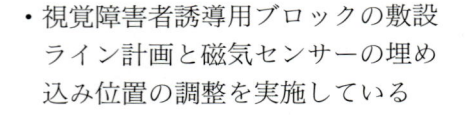

- 白杖・松葉杖使用者が傘を使わなくても良いように駅前広場に幅広屋根を設置している
- 上記の啓発ブロックが敷設されている

駅前広場の幅広屋根

第1章　まちづくりと連携した先進的な取り組み事例

トイレ、授乳室、ＦＡＸ

駅構内の多機能トイレ

- 駅構内、駅ビル、地下駐輪場等に車いす使用者等に対応した、多機能トイレを設置している
- 駅構内トイレ（写真）には、多機能トイレを男女別々に設置

駅構内トイレのベビーチェア

- 駅構内トイレには、男女とも乳児用おむつ交換シート、便房内にベビーチェア（写真）を設置

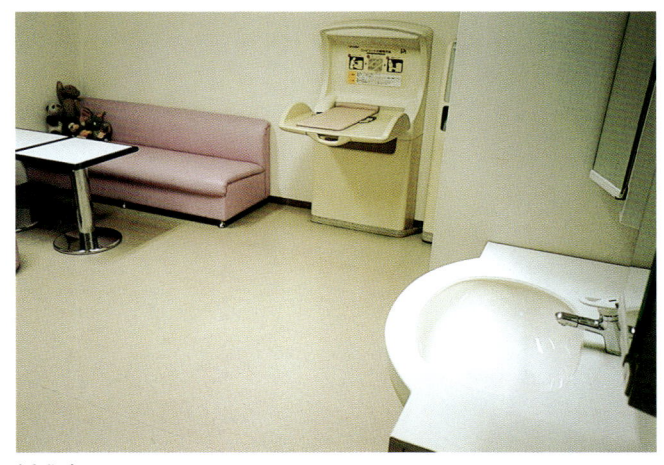

授乳室

- ３階の駅サービスコーナー横に授乳室を設置
- 洗面化粧台、ベビーシート、テーブル、ソファーがある
- 利用者が希望した場合、駅員がポットでお湯の提供等を行っている

1．震災後のユニバーサルデザインを目指した駅（阪急伊丹駅）

授乳室、サービスコーナーの入口

・駅サービスコーナー横に授乳室がある

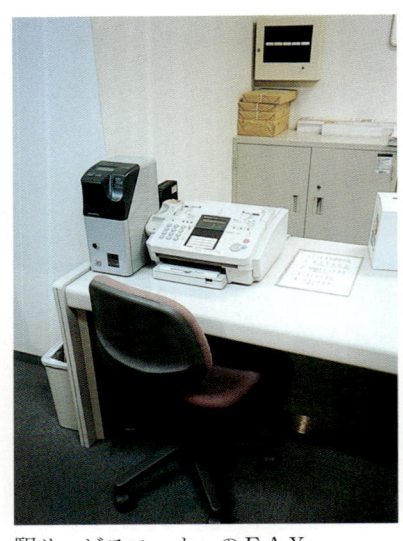

駅サービスコーナーのＦＡＸ

・駅サービスコーナーには、コインＦＡＸ、コピー機があり、聴覚障害者等が使用できる

駅設備（３階）

阪急線の券売機と改札口

・３階に上がると、券売機、改札口が見通せる
・券売機の１基は、車いす使用者に対応した低位置タイプ

第1章　まちづくりと連携した先進的な取り組み事例

- 通常の改札口の通路幅55cmよりも35cm広い、通路幅90cmの拡幅自動改札口を1基設置

通路幅90cmの拡幅自動改札口

- プラットホーム先端に、車いす使用者の利用も可能な緊急避難用スロープを設置
- 駅ビルと反対側の高架上に一時的に避難できる

プラットホーム先端の緊急避難用スロープ

- 発車時刻、列車の進入、発車等がわかる可変式の発車案内装置
- 雪害、台風等による阪急全線のダイヤの乱れ等の情報も表示
- ホームでは、雨、風を屋根、壁によりさえぎっている
- ホーム上にはベンチを設置

可変式情報表示装置（LED）による発車案内

1．震災後のユニバーサルデザインを目指した駅（阪急伊丹駅）

バスターミナル

バスターミナル

- 駅前広場には、バス、タクシー乗り場等を集約配置

15cmの歩道縁石からノンステップバスへの乗降

- バスターミナルの歩道の高さは15cmで、ノンステップバス等への乗降がしやすい

タクシー乗り場

タクシー乗り場

- タクシー乗り場には、視覚障害者誘導用ブロックを敷設
- 段差は1cm

第1章　まちづくりと連携した先進的な取り組み事例

バス総合案内システム

- バス総合案内システムは、複数路線の中から目的地までの先着バスをだれもが検索できる

地下駐輪場

地下駐輪場

- 駐輪場の2段ラックの上段を、体力のない女性、老人が利用しやすいように、ダンパー付スイング式にした
- 場内の照明を明るくし、多機能トイレも設置し、安全快適性を確保した

駐輪場東側出入口のベルトコンベア付きスロープ

- ベルトコンベア付きスロープを利用して、自転車は地上に出る

1．震災後のユニバーサルデザインを目指した駅（阪急伊丹駅）

●工夫、苦労した点

利用者の意見の反映

1．障害者、高齢者を含む利用者から交通事業者等に寄せられていた200項目以上の意見を、計画初期段階において分析し、計画に反映。工事の節目に、見学会や内覧会等を実施し、意見を反映、結果を検証、修正。
2．視覚障害者の意見を聞きながら、音声誘導システムを導入し、視覚障害者誘導用ブロックを敷設。具体的には、地図、点字、音声等による総合案内板を起点として、駅前広場から駅舎まで連続して設置。

具体的な施設整備

1．バス、タクシー乗り場等を集約配置し、通過交通との分離等による駅周辺の渋滞解消を図るとともに、駅ホームまでの安全で快適な歩行者空間を確保した。
2．東西商業ビルと駅ビル間のデッキを改築するに伴い、デッキ上に勾配1／12のスロープを設け、段差を解消した。
3．音声誘導システムを使用しない視覚障害者を想定し、盲導鈴は他の駅と同様に設置した。
4．音声誘導システムの制御装置（電源、本体、スピーカー、受信アンテナ）を屋外の水漏れ防止の為、ペデストリアンデッキ化粧板内部、連続上屋の柱に内蔵するようにした。
5．駐輪場の整備と不法駐輪監視員の配置により、放置自転車がなくなった。

事後評価の実施

1．事後評価を実施し、委員会も継続している。障害者、高齢者等を含む住民、土木計画、建築計画等の専門家、運輸省（国土交通省）、県、市等の異なる行政の協働による継続した検討は、鉄道駅の計画では初めて。

2．事後評価の一環として、アンケート調査を実施。
(1) アンケートの実施時期は、阪急伊丹駅、ターミナルビル供用開始後1年余を経過した2000年（平成12年）1月から2月。対象者は、阪急伊丹駅アメニティターミナル整備検討委員会のメンバー、高齢者団体代表、障害者団体会員のうち、協力を得られた98人を対象とした。主な意見は次のとおり。
①伊丹駅のデザインシステムの評価できる点
・移動円滑化経路を確保するため、エレベーター、上下のエスカレーター、階段の3点セットがしっかり整備されている
・ホームの緊急時の避難スペースは全国の橋上駅で初であり、優れた整備である
・授乳室、インフォメーションセンターは、人に対する暖かなヒューマンサポートが何気なく実現しており、駅を単なる交通ターミナルから都市の空間へと変化させた
②伊丹駅のデザインシステムで改善を要する点、必要性の少ない点
・3階でエスカレーターから一旦Uターンする経路で、駅の見通しが良くない
・ペデストリアンデッキで接続されたビルへのルートが使われていない
・サインシステムの大きさ、色の組み合わせ、掲出位置等が多少わかりにくい
(2) また、多方面からの意見を聴取するため、1999年（平成11年）7月に、「福祉のまちづくり研究会」の見学会に参加したメンバー30名に対しても同じ内容のアンケートを実施。アンケート配布数159、回収数128、回収率は80.5％で、結果の要点は次のとおり。

- 駅ビル内の移動について、「非常に快適（23.4％）」「比較的快適（43.0％）」を合わせると、66.4％の人が快適と感じている
- 自分の行きたいところのわかりやすさについては、約48.4％の人が「すぐにわかる」と回答
- ビル内の案内表示（2つまで複数回答可）は、「わかりやすい」が30.5％、「文字が小さい」が35.2％、「色が識別しにくい」が16.4％となっており、案内表示に関しては課題がある
- 相対的に良い評価を得た個別の施設は、「入線、出発案内」「改札内トイレ」「案内放送」「北側エレベーター（3基）」等である
- 相対的に評価が低かった個別の施設は、「エスカレーター」「屋上駐車場」「スロープ」等である。例えば、「エスカレーター」に関しては、改札口に向かう動線上に柱があってその付近で混雑する、もう少し幅が欲しい等の指摘があった

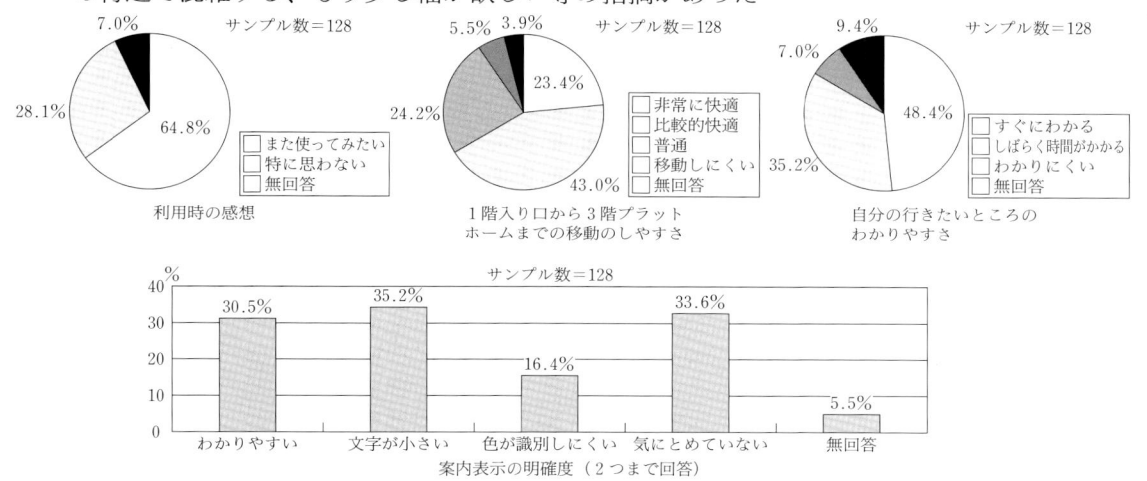

[開業後の改善内容]

1. 駅改札口からホームまでのスロープの前後と踊り場の床面の色をベージュに変え、利用者が歩行中につまずかないようにした。
2. 駅改札口（3階）外の出口への誘導サインの色と内容を一部改善した。
   - サインの色を、地の色アイボリーに白文字から地の色ブルーに白文字にして見やすくした
   - 出口への誘導サインに、バス、タクシー乗り場を追記した
   - サインの文字を多少大きくした

● 課題

1. ターミナルビルの完成した1998年（平成10年）から時間が経過し、絶えず使いやすくするための努力が必要。
2. バリアフリーの新技術開発、施設の使われ方の変化等の観点から、事後評価に基づく改良。当面対応の難しい事項についても、今後の在り方を検討し、情報発信を行う。事後評価から明らかになった設備の改善を要する点の一例は次のとおり。
   - 3階でエスカレーターから一旦Uターンする経路、又はその案内がわかりにくい
   - サインシステムの大きさ、色の組み合わせ、掲出位置等が多少わかりにくい
   - 券売機下の蹴込み奥行きが不足している、トイレの設備等細かい造作で改善の余地がある

1．震災後のユニバーサルデザインを目指した駅（阪急伊丹駅）

3．駅ビル、駅前広場間での整合性のとれた情報提供ができるよう、複数の関係者の更なる調整。
4．実施設計、施工段階で、障害者、高齢者等を含む利用者の意見をより細かく確認する。
5．ソフト的対策のひとつとして、広く市民の教育、啓蒙を図る。

●実施主体、検討主体

	阪急伊丹駅ビル	駅前広場
計画、実施主体	阪急電鉄	伊丹市
参画、検討主体	交通エコロジー・モビリティ財団事務局の委員会で検討（委員会8回、小委員会12回）	伊丹市事務局の委員会で検討（委員会3回、ワーキング5回）

＜阪急伊丹駅アメニティターミナル整備検討委員会＞
委員長：三星　昭宏　　近畿大学理工学部土木工学科教授
副委員長：田中　直人　　摂南大学工学部建築学科教授
委　　員：伊丹市老人クラブ連合会、伊丹市身体障害者福祉連合会、伊丹市肢体障害者協会、阪急電鉄㈱、兵庫県（福祉部）、伊丹市（都市開発部、企画部、福祉部）、近畿運輸局（企画部、鉄道部）

●経緯

	阪急伊丹駅ビル	駅前広場	市民参加
1995年（平成7年）1月	・阪神大震災による駅舎、広場の倒壊 ・その後、震災復興事業の一環として駅と周辺地域を一体的に整備する事が、兵庫県、伊丹市で決定		・駅の復興に際して、障害者団体、老人クラブ連合会等から要望書が寄せられた
7月	・交通エコロジー・モビリティ財団（当時、交通アメニティ推進機構）は神戸旅客船ターミナルとともに阪急伊丹駅をアメニティターミナルのモデル事業として選定した		
1996年（平成8年）4月	・障害者、学識経験者等で構成された、「阪急伊丹駅アメニティターミナル整備検討委員会」（交通エコロジー・モビリティ財団内設置）		・利用者からの駅施設に対する要望調査実施
	駅ビルと駅前広場の基本設計の検討		
8月		・都市計画決定	
1997年（平成9年）6月	駅ビル着工	・障害者、老人クラブ、学識経験者、商店会等で構成された、「阪急伊丹駅内外歩行者快適化検討委員会」設立（事務局、伊丹市）	・駅前広場に関する検証調査等も実施
7月		・都市計画事業認可	
1998年（平成10年）11月	・阪急伊丹駅ビル完成	駅前広場施工	
2000年（平成12年）11月		・駅前広場完成	

2．地下空間が交流、往来の場として機能している駅（湘南台駅）

●背景

　小田急電鉄江ノ島線湘南台駅に、横浜市営地下鉄線と相模鉄道いずみ野線が延伸するのを機に、都市機能の更なる集積、駅利用者の増加が予想され、駅施設の改良が必要となった。特に、藤沢市の湘南台地区は小田急江ノ島線で地域が東西に分断されており、高齢者、障害者等だれもが利用しやすい、バリアフリーなターミナル整備が求められていた。

　湘南台駅は、3鉄道事業者と1道路管理者の共同事業であり、「新しいアクセス、余裕のスペース、人が集う」という三つの機能の融合を目標に計画され、安全で快適な歩行者専用の地下広場（自由通路）が確保された。

　一方、藤沢市では、1997年（平成9年）の交通安全総点検を踏まえ、新たな鉄道駅の開業に伴う駅前通りの整備とともに、駅周辺の歩行空間のバリアフリー化を進めるべく、「コミュニティゾーン形成事業」「人にやさしいまちづくり事業」の実施、これらの延長線上にある「湘南台二丁目ワークショップ」の開催等を行っている。

事業前の西口駅前広場と小田急駅舎　　　　　事業後の西口駅前広場

●検討のポイント

1．地域の障害者団体各代表との意見交換、湘南台まちづくり推進会議、地域住民、商店街等への計画説明を経て、1994年（平成6年）に工事着手。
2．地域分断のないよう、地下1階に見通しのよい自由通路（深度の浅い地下広場）を計画。3鉄道の改札口を、全て地下1階の地下広場（自由通路）で平面連絡し乗り継ぎ利便性を図る。
3．藤沢市は湘南台地下鉄推進事務所を設置し、障害者団体代表等との意見交換会を行い、可能な限り設計に反映。例えば、多機能トイレは、自由通路と3駅の改札内全てに設置された。
4．藤沢市と鉄道事業者3社は調整の上、基本設計段階から、エレベーターとエスカレーターの導入を決定。

2．地下空間が交流、往来の場として機能している駅（湘南台駅）

● 供用開始

1999年（平成11年）	3月	相模鉄道いずみ野線開通、西口広場一部供用開始	
	8月	横浜市営地下鉄線開通、東口広場一部供用開始	
	10月	小田急電鉄湘南台地下駅舎完成	
		藤沢市東西地下自由通路開通	
1999年（平成11年）	11月	藤沢市湘南台駅東口地下自転車駐車場供用開始	
2000年（平成12年）	4月	藤沢市湘南台駅地下自動車駐車場供用開始	

● ターミナル施設の概要
- 1階　　：小田急電鉄江ノ島線ホーム、地上広場（バス・タクシー乗り場他）
- 地下1階：東西地下自由通路（小田急線下）と連続する地下広場（道路下）、
　　　　　3鉄道の改札口、東口自転車駐車場
- 地下2階：横浜市営地下鉄ホーム、自動車駐車場
- 地下3階：相模鉄道いずみ野線ホーム

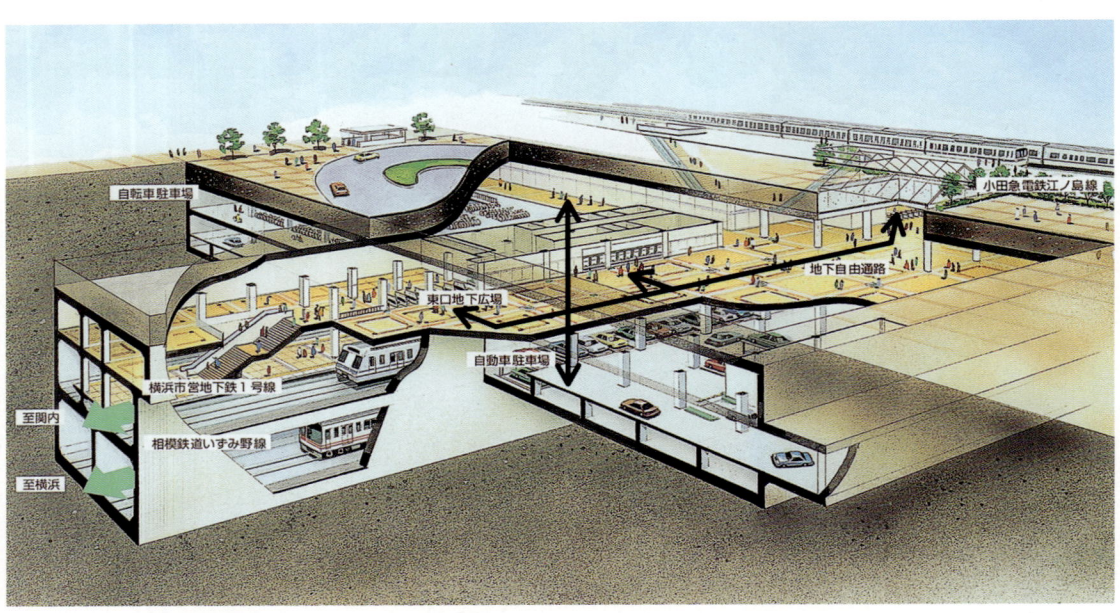

ターミナル施設の断面図

地上は交通広場としての安全でスムーズな動線を確保。地下広場への出入は、障害者、高齢者等が安心して利用できるように、東西広場北側にエレベーター・エスカレーターを設置している。

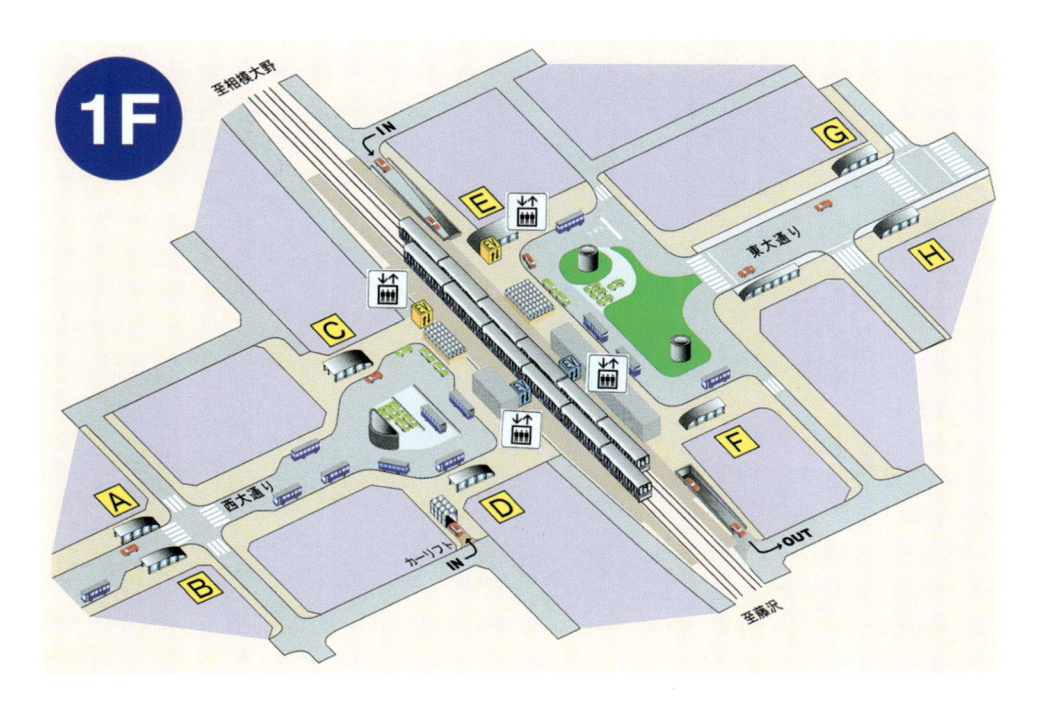

地下1階には、3鉄道の改札口とコンコースがあり、街の東西を結ぶ地下広場（用地、施設区分上、小田急線下の地下自由通路と道路下の地下広場）を整備した。また、東口には自転車利用者のための自転車駐車場（850台収容）がある。

2．地下空間が交流、往来の場として機能している駅（湘南台駅）

●人にやさしい施設

ターミナルへのアプローチ

- 周辺道路から駅前広場、駅前広場から地下広場へ、段差なくアプローチできる
- 3鉄道事業者全ての改札口のある地下広場は、管理区分に関係なく、段差がない

見通しが良く、広く、アトリウムのある地下広場

- 駅、地下広場への入口はわかりやすい
- 階段、エスカレーター、エレベーターの乗降口には傾斜路をつけ、水処理の段差を解消した

東口駅前広場のエレベーターとエスカレーター

第1章　まちづくりと連携した先進的な取り組み事例

- 視覚障害者に歩道端が確認できるよう、ゴムを付けた段差切り下げブロック（神奈川県型）

歩道端の段差解消

- 同上の仕様での自動車乗降場での歩道端の段差切り下げブロック（神奈川県型）
- タクシー乗り場も同じ仕様

自動車乗降場の段差解消

エレベーター

- 藤沢市消防本部の要請により、ストレッチャーの搭載が可能なエレベーターがある
- かご内の広さは、210cm×138cm
- 地下1階東口エレベーター、相模鉄道と横浜市営地下鉄のホーム行きエレベーターが該当
- 地下広場は自転車の通行を禁じているため、自転車でのエレベーター利用も禁止している

ストレッチャーの搭載が可能なエレベーター内部

2．地下空間が交流、往来の場として機能している駅（湘南台駅）

| 階段、エスカレーター |

横浜市営地下鉄線の上り、下り、両方向のエスカレーター

- エスカレーターは、上り専用、下り専用がそれぞれ設置され、階段には2段の手すりが設置されている

| 誘導案内設備 |

地下広場の誘導サイン

- 誘導サイン、位置サインは、地下広場の動線の分岐点等に統一的に配置されている

ターミナル及び周辺の案内図

- 旅客施設案内図等は低位置で、車いす使用者でも見やすい位置に掲出されている

第1章 まちづくりと連携した先進的な取り組み事例

トイレ

横浜市営地下鉄線の多機能トイレ

- 各駅構内、地下広場等に車いす使用者にも対応した、多機能トイレを設置
- 水洗スイッチ、ペーパーホルダーは、便器に腰掛けた状態と便器に移乗しない状態の双方から操作できるよう、各2カ所設置
- 非常用通報装置は、転倒時にも使用できる位置にも設置されている

小田急線トイレの簡易型多機能便房

- 簡易型多機能便房内には、手すり、センサー式水洗スイッチ、インターホン付の非常用通報装置等がある
- 男女とも便房内にベビーチェアを設置

2．地下空間が交流、往来の場として機能している駅（湘南台駅）

> 券売機等

相模鉄道線の券売機

- 車いす使用者が接近しやすい低位置の券売機
- カウンター下部に蹴込みを設けている
- 券売機の横には、点字運賃表を設置

同、精算機

- 金銭投入口の高さは100cm
- カウンター下面の高さは64cm
- 蹴込みの奥行きは、上部24cm、下部38cm

横浜市営地下鉄線の券売機

- 運賃表は、車いす使用者でも見上げやすい角度に掲出され、同一運賃となる駅の金額がまとめ表示されている

●工夫、苦労した点

利用者の意見の反映

1. 建築仕上げの段階で視覚障害者誘導用ブロックの寸法・配置などについて、障害者団体代表者と視覚障害者等の意見を聞きながら打ち合わせをした。種類の異なる障害者が一堂に会したことにより、車いす使用者には視覚障害者誘導用ブロックが障害になること等、双方の理解を深めることができた。
2. 工事中に障害者による施工済み箇所の実証を行い、一部仕様変更や施工済み箇所の部分改修を実施。
3. 従来の地下施設への地上部出入り口箇所の標準仕様では、雨水が入らないように段差を設けることとしているが、視覚障害者誘導用ブロック敷設が複雑になることなどからスロープ式を採用した。西口広場では周辺宅地との関係で段差を設けていた箇所についても視覚障害者及び高齢者からの指摘もあり、排水マスの追加設置、透水ブロックへの変更等により工事期間中に部分改修を行い全箇所スロープ化した。

事業者間の連携

1. 3鉄道事業者と1道路管理者（藤沢市）の共同事業の実施にあたって、各鉄道事業者間、自治体間等で、事業への取組や設計仕様の相違などがあり、鉄道各社の駅間格差の問題から、調整が難航する場面が多く見られたが、以下のように具体的な事項について個別に解決を図っていった。
    - （例1）鉄道各社はストレッチャーの入るような大型エレベーターは当初仕様には無かったが、駅施設内の共通仕様として採用することとなった。
    - （例2）視覚障害者誘導用ブロック、点字表示は、3鉄道事業者の改札内、地下広場、バスターミナルでの連続、連携を図った。
2. 3鉄道の改札口を同一平面とするため、小田急線をはさんで、横浜市営地下鉄は東口、相模鉄道は西口に配した。藤沢市は小田急電鉄と調整し、相模鉄道は将来の路線の延伸を考慮して、小田急線の下を通って西口地下3階にプラットフォームを整備した。

具体的な施設整備

- 地下広場、地下駅の設計に際して、藤沢市消防本部からの要請で、ストレッチャーの入るエレベーターが設置された。

●課題

1. 設置検討はしたが実現しなかったものとして、
    - 視覚障害者の音声ガイドシステム（障害者団体により導入希望システムが異なるため）
    - 大型電光掲示板
    - 音声案内装置付き据え置き型タッチパネル案内板
    - 全出入り口への昇降機設置
2. 自転車駐車場供用開始後に電動スクーター利用者から、電車利用に際して電動スクーター置き場の要望が出された。障害者手帳を持たない足腰の弱い高齢者等が歩行用具として電動スクーターを利用するケースが増加すると予測されることから、今後は、鉄道事業者と共に一時預かり施設の検討も必要である。

2．地下空間が交流、往来の場として機能している駅（湘南台駅）

●実施、検討主体
藤沢市、小田急電鉄、横浜市交通局、相模鉄道

●経緯

1992年（平成4年）	
9月	・湘南台まちづくり推進会議へ計画説明
	・湘南台東口商店会へ計画説明
11月	・湘南台東口沿道マンション住民へ計画説明
12月	・都市計画説明会（道路施設関係）
	・西口権利者等へ計画説明
1993年（平成5年）	
1月	・詳細設計開始
5月	・湘南台地区の障害者団体各代表と意見交換
6月	・六会地区の障害者団体各代表と意見交換
7月	・事業計画概要説明会
1994年（平成6年）	
2月	・工事着手（同年より工区ごとに工事説明会開催）
4月	・湘南台東口商店会まちづくり勉強会に参加
7月	・湘南台地区市民集会
10月	・既存駅舎スロープ撤去について障害者団体に説明
1995年（平成7年）	
4月～	・湘南台地区歩行者ネットワーク調査
4月	・横浜市域障害者施設（リバーサイド戸塚）に事業説明
5月	・仮設スロープの不具合箇所について現場立ち合い確認
7月	・湘南台地区市民集会（工事箇所、自転車通行等に関する意見）
1996年（平成8年）	
4月	・湘南台東口商店会と完成時の交通処理について協議（数回開催）
7月	・湘南台地区市民集会
1997年（平成9年）	
3月	・建設省「人にやさしいまちづくり」現地視察
5月	・「人まち」準備会
6月	・障害者団体に駅施設について説明
8月	・交通安全総点検実施（8/20, 23, 9/3）
10月	・三鷹市他コミュニティーゾーン視察
11月	・「人まち」ケーススタディー開始
1998年（平成10年）	
5月	・湘南台地区くらしまちづくり会議現地視察
	・「円行東大通線について意見を伺う会」開催（6/20, 8, 22, 3/13）
10月	・階段すりつけについて事業者打ち合わせ
	・駅利用視覚障害者と現場立ち合い
	・湘南台地区の障害者団体各代表者と意見交換
1999年（平成11年）	
1月	・駅利用視覚障害者と現場立ち合い
3月	・湘南台東口商店会へ工事打ち合わせ
5月	・建設省「人にやさしいまちづくり」シンポジウム
7月	・視覚障害者向け「声のたより」に駅施設概要を録音
2000年（平成12年）	
1月	・電動スクーター利用者と施設利用について協議
2月	・駅利用視覚障害者と現場視察、意見交換（完成直前、一部手直し）

3．四国の表玄関として陸と海の交通拠点を形成（高松駅、サンポート高松）

●背景

　高松港港湾計画の変更、国鉄清算事業団資産処分審議会の答申等を受けて、高松港頭地区の土地区画整理事業の事業主体である香川県は、高松市、ＪＲ四国等と協議の上、高松港頭地区の整備計画を策定した。具体的には、ＪＲ貨物駅の移転、高松駅の移設と駅前広場との一体整備、高松港旅客ターミナルの整備等である。

　まちづくりの方針としては、四国の表玄関にふさわしい陸海交通の結節拠点としての機能強化、広がりのある開放的な都市空間の創出、ウォーターフロントの活用等が掲げられた。ＪＲ高松駅の新駅舎は終端駅の利点を活かし、階段を利用しないでホームとコンコースが連続する平面プランで設計され、高松港までバリアフリー化された移動経路が計画された。

事業前の旧高松駅舎と駅前広場　　　　　　　　事業後の高松駅新駅舎と駅前広場

●検討のポイント

1．まちづくりを誘導する手法としては、用途地域等の地区計画を定めているが、法的に定められる規制、誘導内容には限界がある。そこで、国、県、市、ＪＲ四国の間で、まちづくり協定が締結された。
　　内容の一部を紹介する。
　　（例１）景観に配慮した建築物等の地区別用途制限、建築物等の形態と意匠の制限
　　（例２）利用者にとって、安全で憩いのある歩行空間形成のための、建築物等の壁面の位置制限による公開空地の確保
2．２回のまちづくりシンポジウムを経て、学識経験者、高齢者・障害者団体代表を含む「まちづくり協議会」が発足。障害者団体等との協議、意見聴取の結果を施設設計に反映。

●供用開始

　2001年（平成13年）５月　　ＪＲ高松駅新駅舎、高松港（玉藻地区）、
　　　　　　　　　　　　　　　駅前広場（駐車場、駐輪場）

3．四国の表玄関として陸と海の交通拠点を形成（高松駅、サンポート高松）

● ターミナル施設の概要

JR高松駅（1階）

＊駅舎の2階には、授乳室、物販店、飲食店等がある。

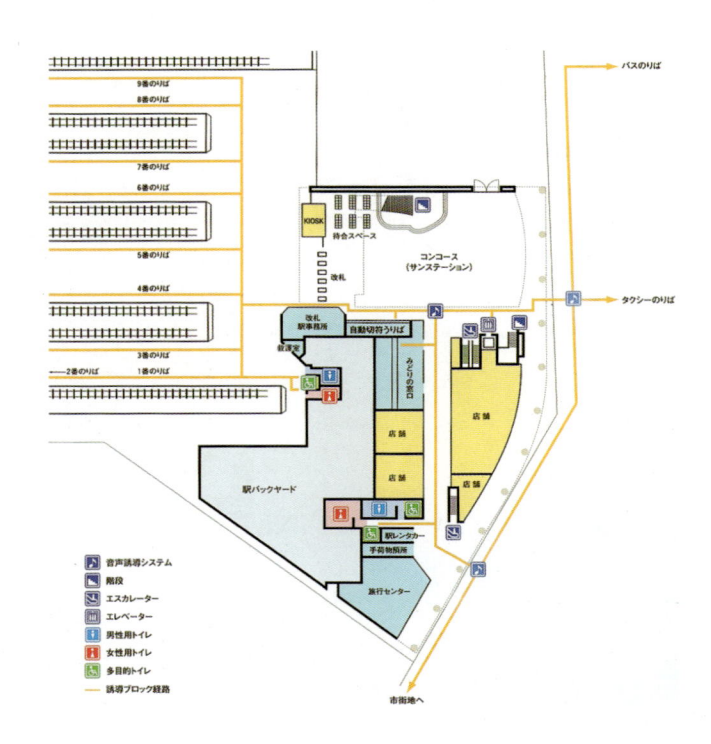

サンポート高松の土地利用計画

＊2001年（平成13年）6月以降は、シンボルタワー、多目的広場、多目的地下駐車場、歩行者専用道路等を整備

第1章　まちづくりと連携した先進的な取り組み事例

●人にやさしい施設
誘導案内設備

駅前広場の周辺案内図等のサインシステム

- サインシステムは、全て低位置（サインの中心まで110cm程度）に統一されている。

ＪＲ高松駅の発車時刻表

- 発車時刻表の掲示位置は低く、文字も大きい

視覚障害者誘導用ブロックによる駅案内所への誘導

- 視覚障害者誘導用ブロックは、駅案内所に誘導するよう敷設
- 視覚障害者誘導用ブロックは、駅舎内から高松港のボードウォークに至るまで連続して敷設されている

3．四国の表玄関として陸と海の交通拠点を形成（高松駅、サンポート高松）

駅周辺の歩道の視覚障害者誘導用ブロック

- 駅周辺道路の歩道では、視覚障害者誘導用ブロックの輝度比を高くして、弱視者に見やすくしている

トイレ

高松駅の多機能トイレ

- 高松駅の多機能トイレ（改札外）は、車いすからの移乗がしやすい
- 手すりは上下可動式で、冷たくない素材
- 乳児用おむつ交換シート、ベビーチェアを設置
- 出入り口の有効幅は、約100cm

同上、多機能トイレ内のオストメイトのパウチ等洗浄設備

- オストメイト（人工肛門、人工膀胱造設者）がパウチを洗ったり、便の漏れを処理するための、40℃のお湯の出る専用の流しが設置されている

第1章　まちづくりと連携した先進的な取り組み事例

授乳室

- 高松駅2階には、授乳のできる専用の部屋がある
- 流し台と2人分のいすを設置

高松駅2階の授乳室（流し台といす）

- 授乳室には、大型のベビーベッドを設置

高松駅2階の授乳室（ベビーベッド）

券売機

- 奥行きは25cmと不足しているが、券売機1基と、プリペイドカード発売機1基を更に低くすることにより、車いす使用者が横向きで利用しやすくなった。
- テーブルの厚みは薄い
- 蹴込みの高さは65cm
- 券売機上端までの高さは約120cm

車いす使用者に対応したＪＲ高松駅の券売機

3．四国の表玄関として陸と海の交通拠点を形成（高松駅、サンポート高松）

指定券等販売所

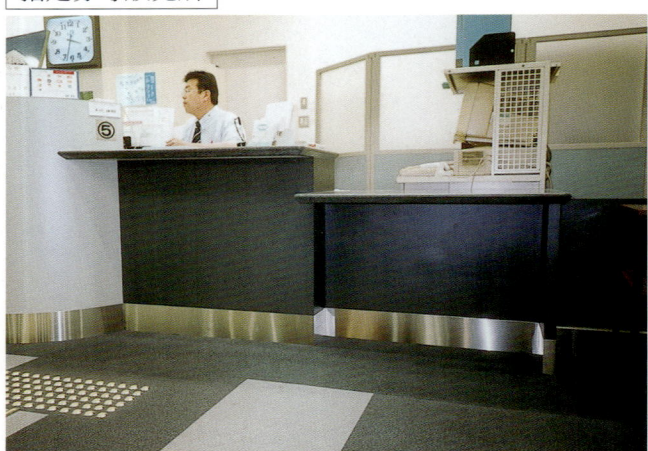

・指定券等販売所のカウンターは一部は低く、奥行きのある蹴込みがある

車いす使用者に対応した指定券等販売所の低く蹴込みのあるカウンター

地下駐輪場

・2,300台収容可能な駅前の地下駐輪場

地下駐輪場

高松港

・高松港旅客ターミナルビル、フェリー乗り場、客船乗り場は、2階レベルのデッキ（高松コリドー）で結ばれている
・2階レベルのデッキは幅が広く、ひさしがある

フェリー乗り場までつながる2階レベルのデッキ（高松コリドー）

第1章　まちづくりと連携した先進的な取り組み事例

- シーフロントのベンチは車止めも兼ねる

車止めも兼ねたシーフロントのベンチ

- シーフロントのレストラン等へは、車いすのままアクセスできる

レストランに隣接した車いす使用者の駐車スペース

3．四国の表玄関として陸と海の交通拠点を形成（高松駅、サンポート高松）

●工夫、苦労した点

利用者の意見の反映
- 香川県、高松市、ＪＲ四国等実施主体は、障害者団体へのヒアリングを行った上で、施設のバリアフリー化を検討した。

障害者への配慮
1．バリアフリー施設利用促進のため、ＴＶでの広報、障害者団体等へのパンフレット配布により音声誘導システム等のＰＲを行った。
2．聴覚障害者への対応として、駅前観光案内所にＦＡＸを設置した他、駅係員に申し出れば、駅事務所でもＦＡＸを利用できる。また、鉄道案内所等には筆談用メモを用意した。

具体的な施設整備
- ＪＲ高松駅を含むサンポート高松は、鉄道、バス、船舶等の乗り継ぎに抵抗がなく、商業施設、駐車場、駐輪場等と一体となった施設整備により、都市交通サービスの総合的な向上が図られている。

その他
- エコシティ化への取り組みとして、例えば、節水型の街づくりを目指し、中水道（再生水利用下水道事業）を導入し、再生水（下水処理水）を水洗便所、樹木散水用水、冷却用水等雑用水として利用している。その他、太陽光発電システム、海水と大気の温度差を利用して冷暖房用の冷水・温水を供給する地域熱供給システムを導入した。

●課題

1．今後、サンポート高松は、各施設が段階的に整備される予定であり、その都度、車や人の流れが変化していくことから、それに合わせた的確な誘導、案内が求められる。
2．高松駅、サンポート高松では、多くの事業が並行して進められており、各担当者でのバリアフリーに関する基本的な考えを統一しておき、利用者に不便や違和感を感じさせないように勤める必要がある。

●実施、検討主体

香川県、高松市、ＪＲ四国

第1章　まちづくりと連携した先進的な取り組み事例

●経緯

年度	月	内容
1983〜87年度 （昭和58〜62年）		・高松港港湾計画調査 ・ポートルネッサンス21調査 ・高松港頭地区総合整備計画調査 ・高松港頭地区新都市拠点整備事業調査 ・土地区画整理事業調査
1987年度（昭和62年）	2月	・高松港港湾計画の改訂
1988年度（平成63年）	4月	・高松港港湾改修事業の事業採択 ・瀬戸大橋の供用開始に伴う宇高連絡船の廃止
1990年度（平成2年）	2月	・新都市拠点整備事業、土地区画整理事業の事業採択
1991年度（平成3年）	9月	・高松港玉藻地区港湾整備事業起工式
1992年度（平成4年）	4月 6月 12月 2月	・香川県議会都市開発整備対策特別委員会設置 ・日本国有鉄道清算事業団資産処分審議会答申 ・高松港港湾計画の一部変更 ・土地区画整理事業等の都市計画決定 ・高松港頭地区総合整備事業推進協議会設立
1993年度（平成5年）	7月 2月	・高松港頭地区の愛称を「サンポート高松」に決定 ・土地区画整理事業の事業計画の決定
1994年度（平成6年）	5月	・土地区画整理審議会設置
1995年度（平成7年）	11月 12月	・まちづくりシンポジウム、企画説明会の開催 ・用途地域、地区計画の都市計画の変更 ・土地区画整理事業の仮換地指定
1996年度（平成8年）	9月 2月	・土地区画整理事業起工式 ・サンポート高松公共施設景観設計検討委員会設置
1997年度（平成9年）	7月 1月 3月	・サンポート高松推進懇談会設置 ・まちづくりシンポジウムの開催 ・まちづくり協定締結
1998年度（平成10年）	4月 11月 1月 2月	・まちづくり協議会発足 ・シンボルタワーが自治省のリーディング・プロジェクトに選定 ・高松港港湾計画の変更 ・高松駅前広場地下駐車場（仮称）起工式 ・高松港港湾旅客ターミナルビル（仮称）起工式 ・サンポート高松の明日を考える県民フォーラムの開催
1999年度（平成11年）	8月 12月	・サンポート高松を語る県民フォーラムの開催 ・シンボルタワー（仮称）等事業計画提案競技入選案決定
2000年度（平成12年）	4月 6月 10月 12月	・サンポート高松シビックコア地区整備計画の建設省承認 ・シンボルタワー（仮称）基本協定締結 ・サンポート高松を考える県民フォーラムの開催 ・サンポート財団設立
2001年度（平成13年）	5月 8月	・JR高松駅新駅舎、駅前広場（駐車場、駐輪場）、高松港（玉藻地区）供用 ・全日空ホテルクレメント高松オープン ・シンボルタワー起工式

第 2 章

旅客施設の取り組み事例

第2章 旅客施設の取り組み事例
1．移動のしやすさ

1．1　公共用通路との出入口

- 段差がない
- 車いす使用者の動作に対する余裕を見込んだ有効幅を確保
- 車いす使用者や視覚障害者の利用を考慮し、感知式の自動扉を採用

阪急伊丹線・伊丹駅

- メインの入口から入ると、総合案内所、切符売り場、待合室、船がひと目でわかる

神戸港中突堤・中央ターミナル

1．移動のしやすさ（1．2　乗車券販売所、案内所等の出入口）

1．2　乗車券販売所、案内所等の出入口

- 車いす使用者の動作に対する余裕を見込んだ扉の幅を確保
- 扉は開閉操作の不要な感知式の自動式引戸
- ドアの下枠や敷居による段差はない

都営地下鉄大江戸線・都庁前駅・総合案内所

- 透明な扉には、衝突防止のため、横線等の模様を入れている

ＪＲ東日本山手線、埼京線・恵比寿駅・指定券等販売所

第 2 章　旅客施設の取り組み事例

1．3　通路

多摩都市モノレール・多摩センター駅との乗換通路

- 車いす使用者同士がすれ違えるよう180cm以上の有効幅を確保した乗換通路
- 通路の両側には2段手すりを設置
- 2段手すりの上段には、視覚障害者の誘導のため、行き先を点字で表示

営団地下鉄・永田町駅・南北線との乗換通路

- 乗り換え用の長い通路にムービングウォークを設置した事例
- 照明が明るく、案内板、広告等が突出しないように配慮している

1.4 傾斜路（スロープ）

都営地下鉄大江戸線・六本木駅

- 有効幅は120cm以上
- スロープの端部は床に対してゆるやかに接する構造
- スロープの両側には2段手すりを設置
- 上段の手すりに、スロープの行き先を点字で表示

営団地下鉄飯田橋駅の東西線・南北線・有楽町線

- 一般の利用者も通過しやすい、通路中央の動線上に配置されたスロープ
- 車いす使用者が途中で休憩できるように、踊り場がある
- 左右に、車いすの乗り越え防止のための立ち上がりを設けている

1.5 階段

横浜市営地下鉄線・湘南台駅

- 蹴上げは15cm、踏面は33.5cmで、移動の負担の軽減が図られている
- 踏面の端部（段鼻）は、周囲の部分と色の明度差をつけ、段を上からも下からも容易に識別できるようにしている
- 高さ概ね3m以内ごとに、長さ121cmの踊り場を、階段の始点、終点にはたまり場を設置
- 両側に2段、中間に1段の手すりを設置
- 床仕上げ面から手すりの中心までの高さは、上段81cm、下段67cm
- 手すりの断面は丸状で、直径は4cm

営団地下鉄日比谷線・秋葉原駅

- 段の識別がしやすい事例
- 上からも段を識別できるよう、色の明度差の境界は、踏面の端部（段鼻）となっている

1．移動のしやすさ（1．5　階段）

- 冬期の冷たさに配慮した材質を採用した手すり
- 手すりの端部は、突出しない構造

多摩都市モノレール・多摩センター駅

同上

- 視覚障害者のために、上段手すりに階段の行き先を点字で表示（内容を文字で併記）している
- 点字は、はがれにくいものとなっている

埼玉高速鉄道線・鳩ヶ谷駅

第2章　旅客施設の取り組み事例

1．6　エレベーター

- 全ての利用者が容易に利用できるよう、ホーム中央の主動線上から認識しやすい位置に設置されている
- シースルーエレベーターは、事故時等の安全確保だけでなく、エレベーターの位置もわかりやすい
- 出入口の有効幅は、車いす使用者の動作に対する余裕を見込んだ90cm
- かご内の広さは140cm×147cm（11人乗り）で、手動車いすが内部で180度転回できる
- 到着階数とドアの開閉を音声案内している

東急東横線・武蔵小杉駅

- かご内の壁面に握りやすい手すりを設置
- 正面壁面にはステンレス鏡を設置
- 操作盤は、かごの左右壁面中央付近、高さ100cm程度にあり、操作しやすい形状の押しボタン式
- かご内の広さは210cm×138cmで、ストレッチャーの搭載が可能

相鉄いずみ野線・湘南台駅

1．移動のしやすさ（1．6　エレベーター）

- 階数及び現在位置を表示と音声で案内
- 操作盤には、非常通報用のインターホンボタンを設置
- 操作盤のボタンは点灯し、押したことがわかる
- 操作ボタン、インターホンボタン等のすぐ近くに点字表示がある
- 27人乗りの大きさ

神戸市営地下鉄海岸線・みなと元町駅

- 地上～B1地下鉄改札～B2近鉄改札を結んでいるエレベーター
- 地上入口には、水処理の段差がない

近鉄難波線、大阪市営地下鉄堺筋線・日本橋駅

第2章　旅客施設の取り組み事例

直角2方向型エレベーター

近鉄京都線・新田辺駅

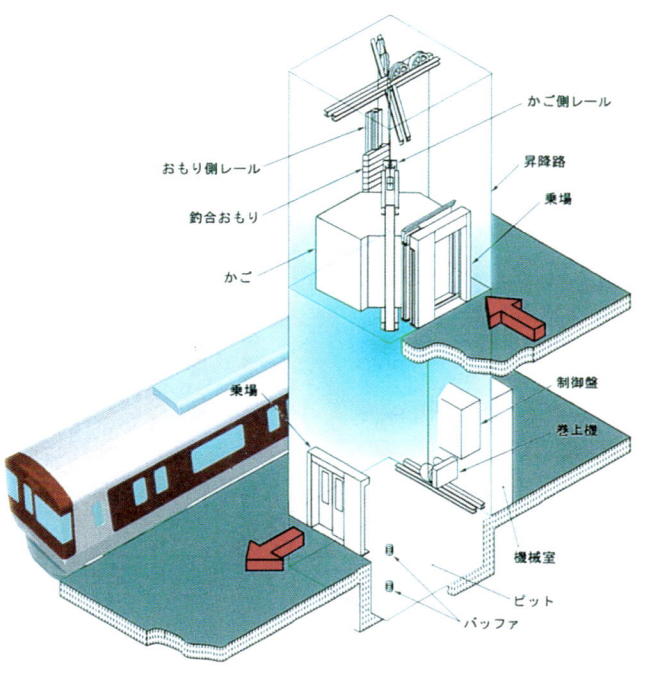

直角2方向型エレベーターの模式図

京王本線・下高井戸駅（かご内）

- 利用者動線、設置スペースの観点から、直角2方向型エレベーターを設置した事例
- 1方向出入り口型エレベーターに比べ、省スペース（9人乗り）
- 出入口の有効幅は、90cmで、車いす使用者はかご内部でゆるやかに90度回転して通り抜けられる
- 近鉄線（左上写真）では、エレベーター前にインターホンと併せて、手の不自由な方のためにフットスイッチを取り付けている

1．移動のしやすさ（1．6　エレベーター）

スルー型エレベーター

- シースルーなスルー型エレベーター
- 階段9段分を昇降
- 開閉する側の扉を音声で知らせている
- 車いす使用者は、かご内で回転することなく、階段利用者とほぼ同じ動線で移動できる

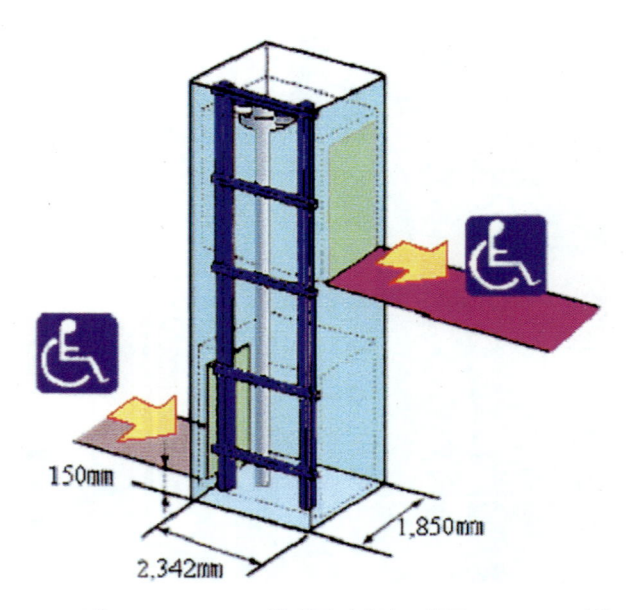

ＪＲ西日本・大阪駅

スルー型エレベーターの模式図（寸法は設置スペースの例）

1.7　エスカレーター

営団地下鉄南北線・麻布十番駅

- 高齢者等の利用を想定し、上り専用と下り専用が設けられている
- 昇降口の踏み段の水平部分は3枚以上
- くし板と踏み段、踏み段の端部が識別しやすいようになっている
- 下りエスカレーターに誤って進入すると、ブザーが鳴る
- 点状ブロックは点検用ふたに接して敷設されている

ゆりかもめ線・新橋駅

- 乗降口の固定柵は、階段、エレベーター等への動線と交錯しないように設置されている

1．8　鉄軌道駅の改札口

埼玉高速鉄道線・浦和美園駅

- 車いす使用者が余裕をもって通過できる幅90cm以上の拡幅改札口
- 高齢者や視覚障害者、妊産婦等にとって利用しやすいよう、拡幅改札口は有人改札口となっており、不在の場合は呼び出せる
- 視覚障害者誘導用ブロックは有人改札口に敷設されている

福岡市営地下鉄空港線・福岡空港駅

- 自動改札機又はその周辺において、自動改札口への進入の可否を示している

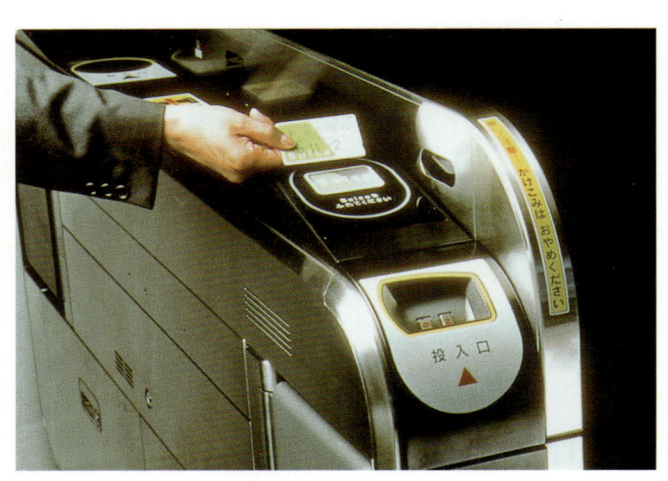

ＪＲ東日本埼京線・新宿駅等でのsuicaのモニターによるテスト

- タッチ式自動改札機
- 定期券を改札機に触れるだけで改札口を通れる
- 弱視者等に配慮して乗車券挿入口を色で縁取り、識別しやすくしている

第 2 章　旅客施設の取り組み事例

1.9　バスターミナル

- 乗降口に自動ドアを設け、冷暖房完備のバスターミナル
- 点状ブロックと併せて、視覚障害者の自動車用場所への進入を防止している
- 乗り場別に系統番号が大きく表示され、弱視者にもわかりやすい

京都市交通局・北大路バスターミナル

同上

- 腰当式ベンチのある駅ビル1階のバスターミナル

横浜市、京急上大岡駅・ゆめおおかバスターミナル

1．移動のしやすさ（1．9　バスターミナル）

・音声案内のあるバス路線と乗り場の案内板

横浜市、京急上大岡駅・ゆめおおおかバスターミナル

・乗り場ごとに行き先を点字表示している

同上

・乗降口に自動ドアを設け、冷暖房完備のバスターミナル
・乗降口上部に、可変式の発車案内を設置

西鉄天神バスセンター

第2章　旅客施設の取り組み事例

1．10　旅客船ターミナル

新潟港佐渡汽船ジェットフォイル乗船通路

- 水面等への転落の恐れがある箇所には、転落を防止できる構造の柵を設置
- 経路上には、風雨雪及び日射を防ぐことができる構造の、屋根またはひさしを設置

神戸港中突堤・中央旅客ターミナル乗船通路

- 高齢者、身体障害者、妊産婦等すべての人が安全かつ円滑に移動できるよう、連続性があり短距離でシンプルな移動動線を確保した事例
- 段差がなく、滑りにくい乗船通路
- 桟橋への入口には点状ブロックが敷設され、桟橋の乗船口への通路には手すりと転落防止柵を設置

新潟港佐渡汽船ジェットフォイル乗船連絡橋

- 車いす使用者の動作に対する余裕を見込んだ135cmの有効幅を確保した乗降用連絡橋
- 船室入口の摺動部の端部の面取りをして、車いす使用者が容易に通過できる構造
- 両側に転落防止柵を設置
- 連絡橋のスロープは、特に干潮時や満潮時の勾配、常時水がかかる可能性のある部分であることに配慮する必要がある

1．移動のしやすさ（1．10　旅客船ターミナル）

長崎港ターミナルコバルトクィーン号のタラップ

- 高齢者等が安全に移動できるよう、両側の手すり（転落防止柵）につかまることができる程度の幅となっているタラップ
- 桟橋・岸壁とタラップの間の摺動部に、構造上やむを得ず段差が生じるため、フラップ（補助板）を設置
- タラップの端部とそれ以外の部分との色の明度の差を大きくし、摺動部を容易に識別できるようにしている

長崎港ターミナルのボーディングブリッジ内部

- 海象や気象、潮汐の影響を受けにくいボーディングブリッジ
- 採光性に優れた素材を用い、手すりも設置
- 可動部分（写真手前）には段差がない

佐渡汽船・新潟ターミナルのボーディングブリッジと船舶との接続部

- ボーディングブリッジと船舶の接続部の段差の解消を、船舶側から見たところ
- フラップ（補助板）の端部は、高齢者、弱視者等がつまずかないように黄色に塗装されている

1.11 航空旅客ターミナル

仙台空港国際線旅客ターミナルの搭乗口

- 航空旅客搭乗改札口は、車いす使用者が円滑に通過できる80cm以上となっている
- 航空機には、ゆるやかなスロープを下って搭乗できる

仙台空港国際線旅客ターミナルの授乳室、多機能トイレ入口

- 搭乗待合室には、授乳室、男女別々の多機能トイレがある
- 車いす使用者等が使いやすい、低位置の水飲み場を設置（写真左）

旭川空港旅客ターミナル前の障害者専用、自家用車乗降場

- ターミナルビル正面の便利な場所にある、障害者専用の乗降場
- 介助の必要な時は、ボタンで空港係員を呼び出せる

2．案内のわかりやすさ

2．1　視覚表示設備（サインシステム）

乗り場への誘導サイン

営団地下鉄半蔵門線・大手町駅

埼玉高速鉄道線・浦和美園駅

りんかい線・天王洲アイル駅

- 誘導サイン、位置サイン、案内サインが構内の適所に連続性を持って配置されている
- 誘導サインの路線案内システムは、視認性に優れて、遠くからでも発見しやすい
- 表示面は動線と対面する向きに掲出
- 見上げ角度が小さく、かつ視点の低い車いす使用者でも混雑時に歩行者に遮られにくい高さ
- 文字の書体は視認性の優れた角ゴシック体で、ヘボン式ローマ字表示も併記
- 構内案内図は、大型で歩行範囲が表示され、地下にいながら地上の様子がわかる

- 誘導サインは、黒地に白文字で表示され、明度差が大きく読みやすい

- 誘導サインは黒地に白文字で表示され、明度差が大きく読みやすい
- 外照式のため、グレア（まぶしさ）が少ない

第 2 章　旅客施設の取り組み事例

出口への誘導サイン

横浜市営地下鉄 3 号線・あざみ野駅

- 出口への誘導サインは、JIS規格による黄色が採用されている
- 色面が大きいため、遠方から視認できる
- このサインは、階段の上り口、階段の下り口のほかに、動線の分岐点、及び動線の曲がり角に配置されている

同上

エレベーターへの誘導、位置サイン

営団地下鉄有楽町線・平和台駅

- エレベーター間近のホーム動線上の見やすい場所に、位置サインを配置している
- 出口、改札階行きエレベーターの誘導サインは黄色、ホーム行きエレベーターへの誘導サインは白色としている

2．案内のわかりやすさ（2．1　視覚表示設備（サインシステム））

- ホームへのエレベーターの誘導サインは青色で表示
- エレベーター、エスカレーター、階段は、大きな図記号で表示

横浜市営地下鉄3号線・あざみ野駅

トイレへの誘導、位置サイン

- トイレへの誘導サインは、ターミナル内のどの位置からでも見つけることができる
- トイレまでの距離、改札の内外、身体障害者等での使用に対応しているか等の情報がわかるようにしている

営団地下鉄銀座線・上野広小路駅

同上

第 2 章　旅客施設の取り組み事例

駅構内案内図と駅周辺案内図

- 多層構造のターミナル内での立体表現構内案内図
- 移動円滑化された経路を明示しており、シンプルかつ統一的なデザイン
- 歩行者及び車いす使用者が共通して見やすい高さで、利用者の円滑な移動を妨げない位置に配置している

営団地下鉄千代田線・霞ヶ関駅を立体表現した駅構内案内図、駅周辺案内図

- 乗り換え通路や出口をわかりやすく表現した駅周辺案内図
- 掲出する空間上の左右方向と、図上の左右方向を一致させて表示している

営団地下鉄半蔵門線・三越前駅の駅周辺案内図

路線網図

- 交通ネットワークを網羅的に表示した路線案内図
- 距離、方向がわかるように、2kmピッチの罫線が引かれている

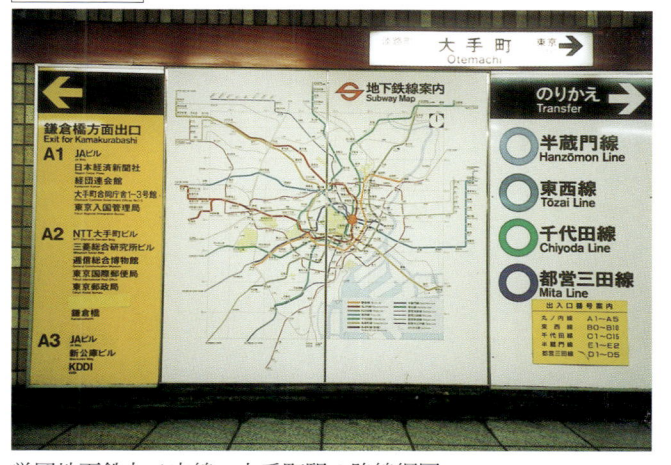

営団地下鉄丸ノ内線・大手町駅の路線網図

2．案内のわかりやすさ（2．1　視覚表示設備（サインシステム））

運賃表

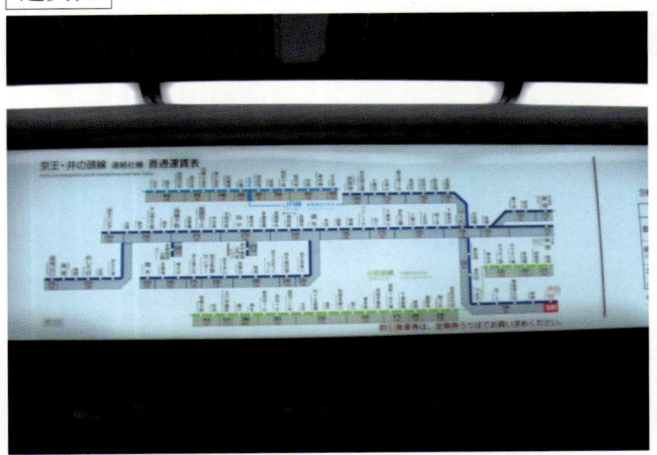

京王井の頭線・渋谷駅の運賃表

・同一金額の駅の運賃をまとめ表示して大きく示した事例

営団地下鉄南北線、都営地下鉄三田線・白金高輪駅の運賃表

・車いす使用者の見上げ角度が小さく、券売機前に並ぶ利用者に遮られないよう、極力低い高さとなっている

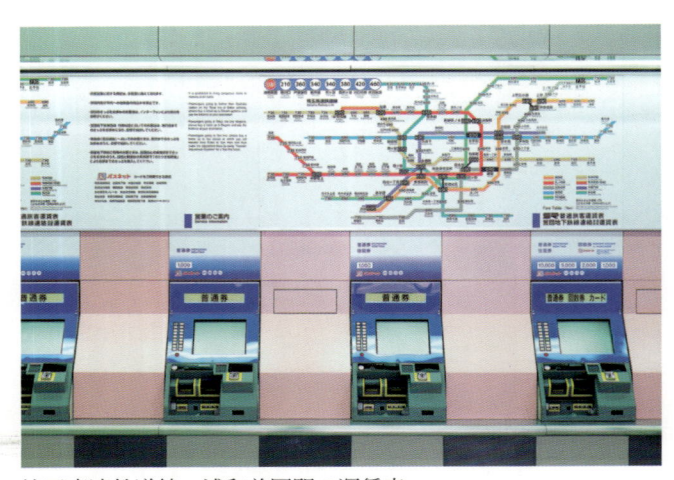

埼玉高速鉄道線・浦和美園駅の運賃表

・「3と8」等の見誤りの少ない書体を採用
・色の区別がつきにくい人でも、路線の交差部で、線の連続を辿りやすいよう配慮している
・乗換駅を強調し、目的駅と経路を見やすくしている

第2章　旅客施設の取り組み事例

可変式情報表示装置

- 発車番線、発車時刻、列車種別、行先など、車両の運行に関する情報を表示する装置
- 読みやすいオレンジ色を多く用いている
- 4列車まで表示できる情報量で、利用者が列車を選択しやすい
- 視覚情報を得て行動を判断するのに便利な、改札口を入った場所に配置している

東急東横線・渋谷駅の可変式発車案内表示装置

駅名表示、停車駅案内

- 車内から視認できる高さに、駅名標を表示している
- 時刻表、路線図も利用者が見やすいよう、極力低い高さとしている

東武伊勢崎線・新越谷駅の駅名表示

JR西日本・関西空港駅
- ホーム上の、徹底した情報提供の集約化（駅名表示、路線図、発車案内、時刻表、公衆電話等）

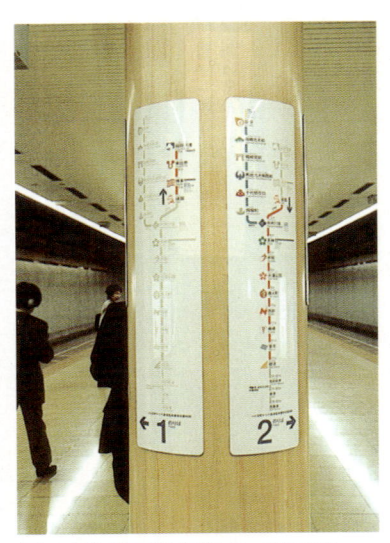

2．案内のわかりやすさ（2．1　視覚表示設備（サインシステム））

- 階段を降りて目の前の独立柱に、番線別の停車駅を示したもの
- 列車の進行方向に向きを合わせて表示している

福岡市営地下鉄空港線・祇園駅

- ホームドア間のすべての柱に、車内全ての窓から視認できる駅名標を表示している
- 車内ドア上部の可変式案内表示とあわせると、車内のどこからでも停車駅を知ることができる
- ふりがなを併記した駅名標（写真）と、ヘボン式ローマ字を併記した駅名標を交互に表示している

営団地下鉄南北線・東大前駅

- ホーム上の非常列車停止ボタン
- サインが赤色で、設置位置がわかりやすい
- ボタンを押すと、駅周辺を走行中の列車が非常停止する

ＪＲ東日本山手線・恵比寿駅

第 2 章　旅客施設の取り組み事例

2．2　視覚障害者誘導案内用設備

視覚障害者誘導用ブロック

都営地下鉄大江戸線・六本木駅

- 視覚障害者誘導用ブロックを点字運賃表及び改札口に最も近い点字表示のある券売機へ敷設した事例
- 線状ブロックの敷設にあたっては、あらかじめ誘導動線を設定するとともに、誘導すべき箇所を明確化し、利用者動線が遠回りにならないよう敷設することが必要
- 色彩は黄色が原則で、材質は十分な強度を確保し、滑りにくく、耐久性、耐摩耗性に優れたもの

近鉄大阪線・安堂駅

- エレベーターへの線状ブロックは、点字表示のある乗り場ボタンの位置に向けて敷設されている
- 点状ブロックは、点字表示のあるエレベーター乗り場ボタンから30cm程度離れた箇所に敷設されている

さいたま新都心駅・西口バスターミナル

- 点字による案内板等への線状ブロックは、バスターミナル入口付近に設置した案内板の正面の位置に敷設されている
- 点字による案内板等の前に敷設する点状ブロックは、案内板前端から30cm程度離れた箇所に敷設されている

63

2．案内のわかりやすさ（2．2　視覚障害者誘導案内用設備）

- トイレへの線状ブロックは、トイレ出入り口の壁面にある点字による案内板等の位置に向けて敷設されている
- トイレの点字による案内板等の前に敷設する点状ブロックは、点字による案内板（写真の白いプレート）から30cm程度離れた箇所に敷設されている

りんかい線・天王洲アイル駅

点字表示

- 視覚障害者を誘導する階段等の手すりには、行先を点字で表示するとともに、その内容を文字で併記している
- 2段手すりの場合、表示は上段
- 手すりを伝っていくと、2つめの点字案内があり、上部（写真右上部分）に移動方向にある主要な設備等の位置や方向を点字で示した案内板があることが記されている

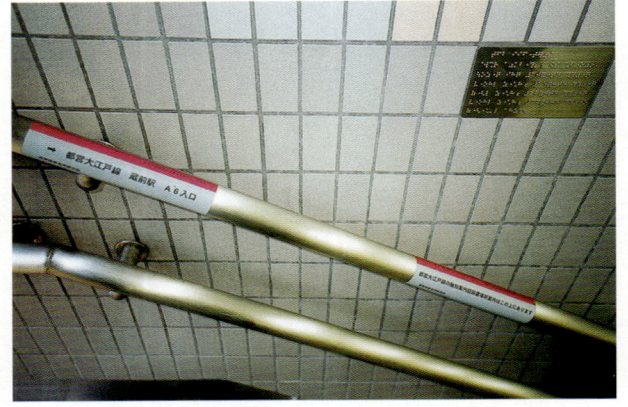

都営地下鉄大江戸線・蔵前駅

- タッチパネル式券売機に必要な、テンキーの操作をテンキーのすぐ右横に、同じ高さで点字案内している
- タッチパネル内の金額ボタンは大きく、弱視者にも見やすい
- 券売機右横には、点字運賃表を設置している

営団地下鉄銀座線、丸ノ内線・赤坂見附駅

第 2 章 旅客施設の取り組み事例

3．施設、設備の使いやすさ

3．1 トイレ

多機能トイレ全般

JR四国・高松駅の多機能トイレ

- 車いす使用者、高齢者、妊産婦、乳幼児を連れた者等の使用に配慮した多機能トイレ
- 便座には便蓋を設けていない
- 手すりは冬期に冷たくない素材を使用
- 手すりは便器に沿った壁面側はL字型、もう一方は、車いすが便器と平行に寄りつけて移乗する場合を考慮し、十分な強度を持った上下可動式
- 可動式手すりの長さは、移乗の際に握りやすく、かつアプローチの邪魔にならないよう、便器先端と同程度
- 水洗スイッチは、便器に腰掛けたままの状態と、便器の回りで車いすから便器に移乗しない状態の双方から操作できるように設置されている
- ペーパーホルダーは片手で紙が切れるもので、便器に腰掛けたままの状態と、便器の回りで車いすから便器に移乗しない状態の双方から操作できるように設置されている
- ドアは軽い力で操作できる引き戸で、出入口には段差がない

りんかい線・天王洲アイル駅の多機能トイレ

- 車いすのフットレストが当たりにくい形状の便器
- 洗面器は車いすから便器へ前方、側方から移乗する際に支障とならない位置にある
- 鏡は車いすでも立位でも使用できるよう、低い位置から設置され十分な長さを持った平面鏡
- 手すりの高さは70cm、左右の間隔は75cm
- 非常用通報装置の位置は、便器に腰掛けた状態、車いすから便器に移乗しない状態、床に転倒した状態のいずれからも操作できるように設置されている
- 手荷物を置ける棚がある
- ドアは電動式引き戸

3．施設、設備の使いやすさ（3．1　トイレ）

JR北海道札沼線（学園都市線）・新川駅の多機能トイレ

- 便座の両側に可動式手すりを設置
- 洗面器は車いすから便器へ前方、側方から移乗する際に支障とならない位置にある
- 洗面所には、低い位置から設置された大型平面鏡がある
- 折り畳み式の乳児用おむつ交換シートの他、写真には写っていないが、右側にベビーチェア、手すりのついた小便器がある

大型ベッドのある多機能トイレ

南海高野線・堺東駅の大型ベッドのある多機能トイレ

- 重度障害者のおむつ替え用等のために、折りたたみ式の大型ベッドを設置した事例
- 右奥には折りたたみ式の乳児用おむつ交換シートも設置

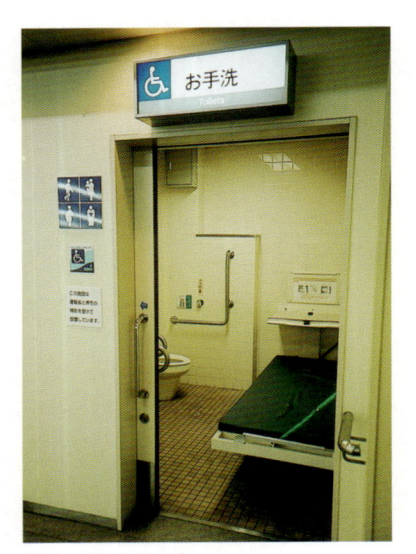

同上（出入り口）

- 折りたたみ式の大型ベッドのある多機能トイレは、改札口横の利用しやすい場所にある

オストメイト等に対応した多機能トイレ

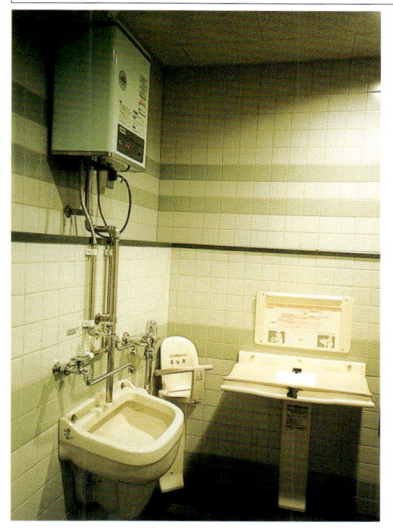

- オストメイト（人工肛門、人工膀胱造設者）のパウチやしびん等の洗浄ができる汚物流しを設置している
- オストメイトがペーパー等で腹部をぬぐう場合を考慮し、40度に保たれた温水が出る設備が設けられている

ＪＲ四国・高松駅の多機能トイレ内のオストメイトのパウチ等の温水洗浄装置

- 水洗装置では、パウチの洗浄や様々な汚れ物洗いができる
- 馬乗りに便器に移乗する場合に配慮して安全カバーが付いている

ＪＲ東日本総武線・新小岩駅に設置されたオストメイトのパウチ等の水洗装置

- パウチ、しびん洗浄ボタンを押すと水が出る

オストメイトのパウチ等の水洗装置（拡大）

3．施設、設備の使いやすさ（3．1　トイレ）

大便器

りんかい線・天王洲アイル駅の可動式手すりのある大便器

- 多機能トイレ以外の大便器にも、可動式手すりを設置した事例

小便器

埼玉高速鉄道線・浦和美園駅の小便器の手すり

- 杖使用者等の肢体不自由者等が立位を保持できるように配慮した、手すりを設置した床置き式小便器
- 入口に最も近い位置に設置している

洗面器

京都市営地下鉄東西線・京都市役所前駅のトイレ内洗面器

- 洗面器は、車いすでの使用に配慮した高さで、手すりを設けたものも設置
- 平面鏡が低い位置から設置されている

3．2　案内所

神戸港中突堤・中央ターミナルの総合案内所

- 案内カウンターの一部（向かって右側）は、車いす使用者が利用しやすいように低く、蹴込みがある
- この部分には、視覚障害者誘導用ブロックが敷設されている
- 聴覚障害者等に便利なように公衆ＦＡＸも設置されている

さいたま新都心駅前の総合案内所

- 低く、蹴込みのある案内カウンター

3．施設、設備の使いやすさ（3．3　券売機等）

3．3　券売機等

都営地下鉄大江戸線・蔵前駅の券売機

相鉄いずみ野線・湘南台駅の精算機

- 車いす使用者が容易に接近しやすいようカウンター下部に蹴込みを設置
- 金銭投入口、主要なボタンは、110cm程度の高さを中心に配置されている

- 車いす使用者が利用しやすいように、カウンター下面までの高さは64cm
- 蹴込みの奥行きは、上部24cm、下部38cm
- 精算料金投入口までの高さは100cm

営団地下鉄南北線、都営地下鉄三田線・白金高輪駅の券売機

- タッチパネル式券売機なので、点字表示、音声案内付きのテンキーが金銭投入口近くにある
- 金銭投入口には、硬貨を複数枚同時に入れることができる
- タッチパネル以外の主要操作ボタンの横には点字テープを貼付
- 営団線、都営線ともに、券売機横に点字運賃表（都営線は冊子）を設置
- 駅員の呼出ボタンが券売機の左下にあり、乗車券の購入等の援助が依頼できる

第 2 章　旅客施設の取り組み事例

3．4　休憩等のための設備、その他

ホームの休憩設備

営団地下鉄南北線・永田町駅

- 高齢者や身体障害者、妊産婦等が休憩できるように設置されたプラットホーム上のいす
- 旅客の移動を妨げない位置に設置され、使用しない時は跳ね上がる

埼玉高速鉄道線・浦和美園駅

- 時刻表、路線図に隣接して設置されたプラットホーム上のいす
- エレベーターの出入り口に隣接

東武伊勢崎線・新越谷駅

- 冷暖房完備のシースルーなプラットホーム上の待合室
- 高齢者、身体障害者、乳幼児連れの旅客等が列車通過時等も安全かつ快適に休憩できる
- 列車の到着が確認しやすく、エレベーターの出入り口に隣接している

3．施設、設備の使いやすさ（3．4　休憩等のための設備、その他）

授乳室

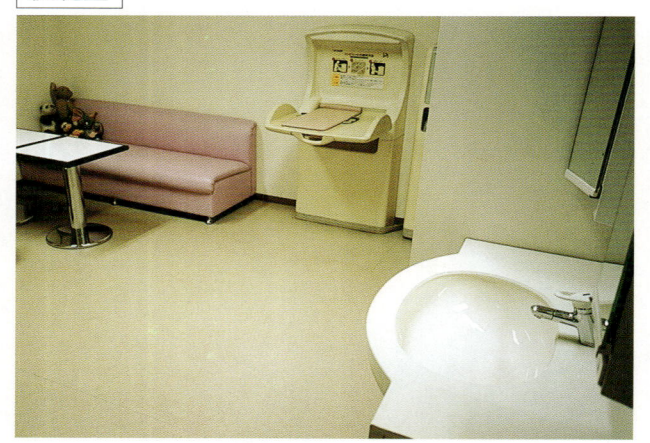

阪急伊丹線・伊丹駅の授乳室

- 駅に授乳室やおむつ替えのできる場所を設け、乳児用おむつ交換シート等を配置している
- 利用者が希望すれば、お湯の入った電気ポットを駅員が授乳室まで運んでくれる
- 鉄道利用者以外の人も利用できる

託児所

京急本線・井土ヶ谷駅の託児所（駅構内専用出入り口）

- 駅舎に隣接した託児所
- 通勤途中の保護者が、改札口を出ずに子供を預け、すぐ次の電車で勤務先に向かうことができる
- 保育時間は平日の場合、7時30分〜20時30分
- 園内の様子を定期的にデジタルカメラで撮影し、画像を携帯電話のインターネット接続サービスで見ることができる

水飲み台

小田急江ノ島線・湘南台駅の水飲み台

- 車いす使用者が使いやすい水飲み台

第2章　旅客施設の取り組み事例

FAX

・聴覚障害者が外部と連絡がとれるように、公衆FAXを設置している

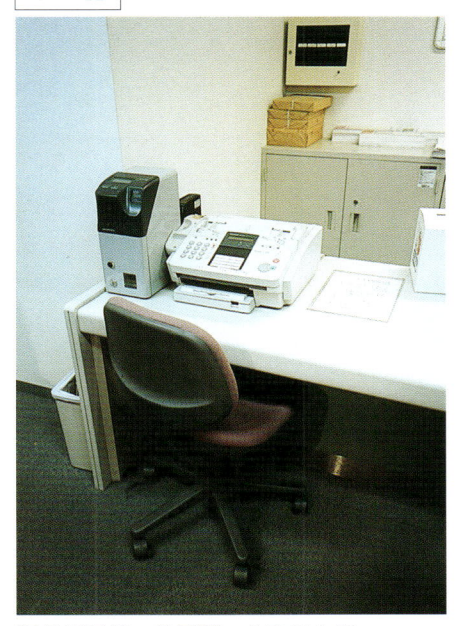

阪急伊丹線・伊丹駅の公衆FAX

筆談器

・聴覚障害者と駅員が簡単に対話（筆談）できる「簡易筆談器」
・文字の消去はワンタッチで、何度でも書き込める

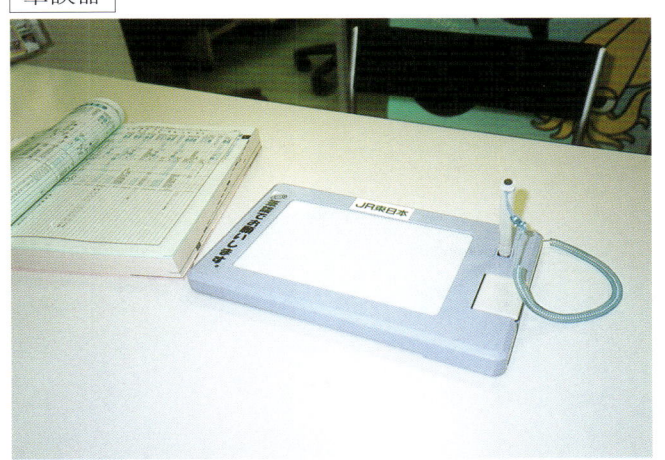

JR東日本・新宿駅・お客様相談センターの筆談器

3．5　鉄軌道駅のプラットホーム

ホームドア

営団地下鉄南北線のホームドア（左から白金台駅、麻布十番駅、溜池山王駅）

- ホームドアは、プラットホームにおける転落防止対策として最も有効である
- ホームドアの開口部には点状ブロックを敷設し、ドアの開閉を音響で知らせている
- 車両ドアとホームドアの間に、はさみこみ防止装置がある
- 床の表面は滑りにくい仕上げとなっている
- ホームドアやベンチの色は駅毎に異なっており、降車駅を知る情報のひとつになっている

可動式ホーム柵

埼玉高速鉄道線・鳩ヶ谷駅の可動式ホーム柵

- 可動式ホーム柵は、プラットホームにおける転落防止対策として有効である
- 可動式ホーム柵の開口部には点状ブロックを敷設し、ドアの開閉を音響で知らせている
- ホーム柵から身を乗り出した場合及びスキー板、釣り竿等長いものを立てかけた場合の接触防止対策や乗務員の出発監視の点から適当な柵の高さとなっている

第2章 旅客施設の取り組み事例

ホーム柵、列車接近警告灯

相鉄線・横浜駅のホーム柵、点状ブロック、スレッドライン

- 乗降口以外にホーム柵を設置した事例
- 点状ブロックは、プラットホームの縁端から80cm以上離れた場所に連続して敷設されている
- 列車の接近は音声以外に、乗降口スレッドラインの点滅でも知らせている

JR東海新幹線・京都駅のホーム柵と点状ブロック

- 線路側を含むプラットホーム両端には危険を防止するために、高さ110cm以上の転落防止柵を設けた事例
- 線路側へ転落時に待避場所のない鉄橋部にも、乗降口以外に転落防止柵が設置されている

ホームの採光、照明

ゆりかもめ線・新橋駅（夜間に撮影）

- 高齢者や弱視者等が安全に移動できるように、プラットホーム両端部まで採光や照明に配慮した事例
- ベンチ、ゴミ箱などは、車いす使用者や視覚障害者、一般利用者などの通行の支障にならないように設置されている

3．施設、設備の使いやすさ（3．5　鉄軌道駅のプラットホーム）

ホーム端、隙間の警告

・弱視者等にわかるよう、ホーム端を白くした事例

JR東日本京浜東北線・さいたま新都心駅の明度差をつけたホーム端

・隙間が大きいため転落する危険を生じさせるおそれがある箇所で、警告灯を設置して警告している事例
・音声でもその旨を警告している

京王本線・新宿駅の隙間警告灯

第 2 章　旅客施設の取り組み事例

段差、隙間の解消装置

- 車いす使用者の乗降を円滑にするための、車両とホームの間の段差、隙間を解消する可動式スロープ
- 空気圧で駆動し、車掌が無線で速やかに操作できる
- スロープ板の大きさは、縦70cm×横120cm×厚さ5cm

京急本線・上大岡駅のホームに格納された段差及び隙間の解消装置

- 段差、隙間対策の簡便な方法として、渡り板の利用がある
- 渡り板（写真は折りたたみ式）は、プラットホーム上の迅速に対応できるよう配慮された場所に配備している

阪急神戸線・三宮駅での簡易スロープ板による乗降

ホーム端のスロープ

長野電鉄・小布施駅のホーム端スロープ（駅舎側） 　　同左（対面ホーム側）

- 駅舎、改札口のあるホームから、対面するホームへ段差なく移動できるスロープ

第3章

車両等の取り組み事例

第3章　車両等の取り組み事例

1．通勤鉄道、地下鉄

車いすスペース

都営地下鉄三田線の車いすスペース

広島市の新交通アストラムラインの車いすスペース

- 客室には1列車に数カ所（1カ所以上）車いすスペースが設けられている
- 車いすスペースは、乗降の際の移動距離が短くて済むように、乗降口から近い位置に設置されている
- 車いすスペースは120cm（乗降口を含まない）×70cm（通路を含む）以上を確保し、極力車いす使用者が進行方向を向けるよう配慮されている
- 乗降口横の縦手すりのほかに、車いす使用者が握りやすい位置（高さ80～85cm程度）に握り手が、使いやすい高さに車内通報装置が設置されている
- 車いすスペースであることを示すシンボルマークを車内及び車外に掲出

- 新交通・モノレール及び路面電車の車いすスペースには、跳ね上げ式座席を設けている

1．通勤鉄道、地下鉄

優先席、座席

- 握り手の低いつり革のある優先席
- 優先席は、乗降の際の移動距離が短くて済むよう、乗降口の近くに設置されている
- 座席シートは他のシートと異なった配色、柄
- 優先席の背後の窓や見やすい位置に優先席であることを示すステッカーを貼る等により、優先席であることが車内及び車外から容易に分かるとともに、一般の乗客の協力が得られやすいようにしている
- 乗降口寄りの窓枠横に、車内通報装置がある

東急目黒線・握り手の低いつり革のある優先席

- 高齢者等がシートに立ち座りするときの補助のため、乗降口に一番近い席に同じ高さの両肘掛けを設け、「らくらくコーナー」としている
- 袖仕切は、着席者の肘掛と立席者のための仕切りパイプとで構成し、肘掛と仕切パイプを約6cm車両の進行方向にずらし、仕切パイプ高さを110cmとして、着席者と立席者が干渉しないようにしている

近鉄奈良線、京都線のロングシート・らくらくコーナー

第 3 章　車両等の取り組み事例

立席ポスト

JR東日本京浜東北線の立席ポスト

- つり革の利用が困難な障害者、高齢者、小児等を配慮した、立席ポスト（握り棒）を配置している事例
- 一人分の座席寸法を示す手法のひとつとしても有効

可変式情報表示装置

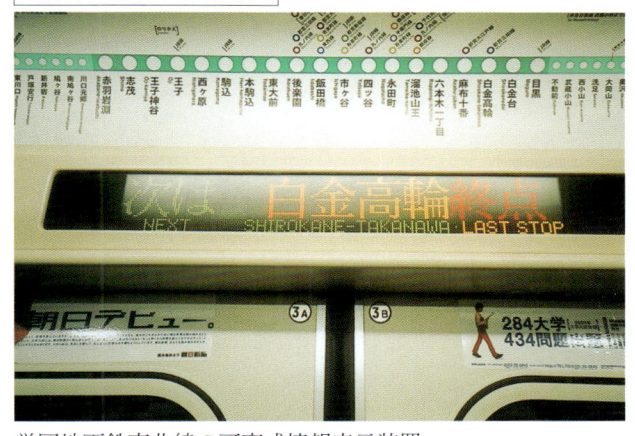

営団地下鉄南北線の可変式情報表示装置

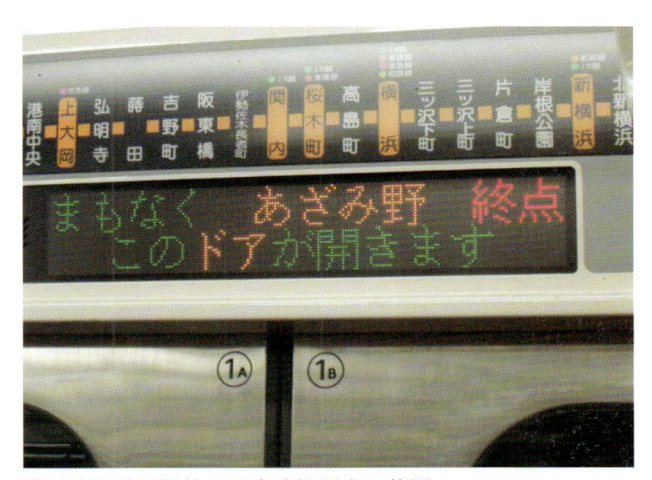

横浜市営地下鉄線の可変式情報表示装置

- 聴覚障害者等のために、乗降ドアの車内側上部等の見やすい位置に、次停車駅名、開くドアの方向（左側か右側か）等の車内放送で必要な情報について、文字等の視覚情報により提供する装置を整備した事例
- 車内放送と連動し、英語表記（路線により英語放送も有り）も併用
- 弱視者にも読みやすいオレンジ色を多く用いている
- ドア閉動作開始の音響装置を内蔵

- 可変式の情報表示装置は、ドアの開く方向、運行区間の変更等を表示できる

1．通勤鉄道、地下鉄

> 多機能トイレ

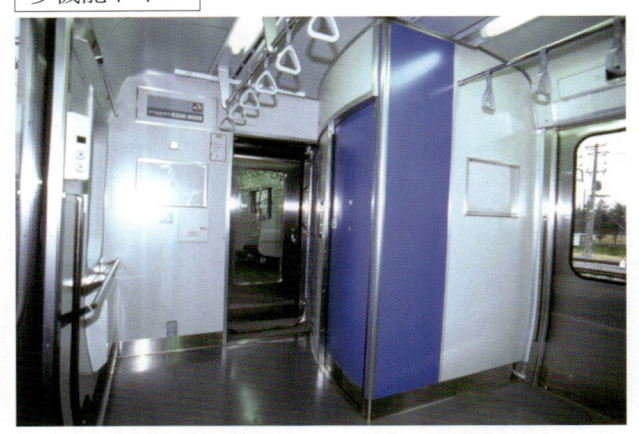

JR東日本総武横須賀線の省スペース型多機能トイレ

- 通勤鉄道でも運行距離の長い列車の場合、多機能トイレが必要となる
- 事例は省スペースの多機能トイレで、トイレ外の車いすスペースで車いすが転回できる

同上（トイレの内部）

- ドア水洗スイッチ等の操作ボタン類はL字型手すりの内側に説明付きでまとめて配置されている
- ドアの有効幅は70.8cm

> 点字表示

JR東日本山手線、ドアの点字表示

- 視覚障害者に対して、乗車した号車と、ドア位置を知らせる点字シール
- 車内から見て左側のドア、床面から160cmの位置に貼付
- シールの大きさは8×3.5cm

2．都市間鉄道

車いすスペース

- 都市間鉄道のクロスシート座席における車いすスペースは、車いす使用者が円滑に通行するための十分な車内通路幅の確保が困難な場合も多いことから、客室仕切扉から入ってすぐの座席の脇にスペースを設けている
- 長時間の乗車となる場合が多いので、車いすスペースの隣には、乗り移りがしやすいようにスペース側のひじ掛けが跳ね上がる座席を用意している
- 移乗後、折りたたんだ車いすを固定するためのバンド、ロープ等を設けている車両もある
- 車いす使用者の数、車いすの大きさ等から車いすに乗車のまま客室内にとどまるスペースが不足する場合は、多目的室等を利用している

ＪＲ西日本新幹線・ひかりレールスターの車いすスペース

通路

- 乗降口、車いすスペース、トイレを結ぶ通路の有効幅は、車いすの通行できる80cm以上
- 手すりを設置している

ＪＲ西日本新幹線・ひかりレールスターの通路

2．都市間鉄道

多機能トイレ

JR東日本新幹線・こまちの多機能トイレ

- 車いすのまま出入りすることができる出入り口の幅（90cm以上）を確保している
- 車いすから便座（洋式）への移乗が可能なスペース、便座への移動がしやすいよう便座の高さ（40～45cm）が確保されている
- ドアの開閉ボタン、非常通報装置は、扱いやすい位置にある
- 便座の後部に荷物棚がある

JR西日本新幹線・ひかりレールスターの多機能トイレ

- 出入口の有効幅は96.5cm
- 手洗い器2カ所、非常通報装置2カ所、突起のある水洗センサー、便座クリーナーボックス、その下にサニタリーボックスがある
- 便座の高さは40.7cm
- L字型手すり水平部の高さは67cm

JR東日本・スーパーあずさの多機能トイレ

- 在来線特急における省スペースの多機能トイレ
- 手洗い器、手すり等、利用者が便座に移乗しやすいように配置されている

第3章　車両等の取り組み事例

洗面所

JR東海新幹線・700系の洗面所

- 新幹線における車いす対応の洗面所の事例
- 洗面器上面の高さは80cm（76cm程度が望ましい）で、洗面器の下部に車いすのフットレストが入る空間を設けている
- 洗面所の位置は乗降口デッキと多機能トイレへの通路に面した角にあり、車いすが進入しやすい
- 蛇口付近の高さまで鏡を設置

路線案内等

JR東日本・成田エクスプレスの運行案内表示

- 空港までの残り所要時間と列車の運行位置がリアルタイムで表示される

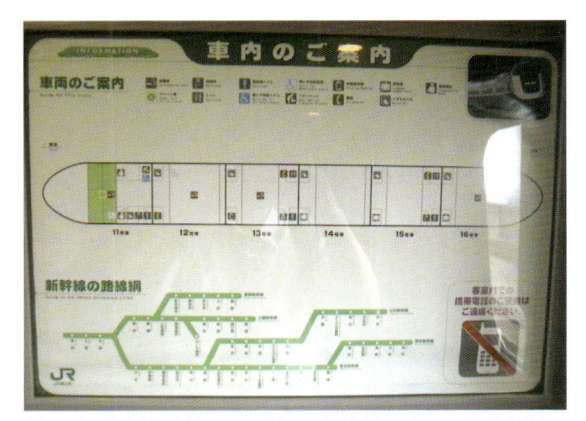

JR東日本新幹線・つばさの車内及び停車駅案内板

- 列車内設備と停車駅案内

3．路面電車、LRT

広島電鉄グリーンムーバー

同左・車いすスペース

- LRT（ライト・レール・トランジット）は、人と環境にやさしい新しいタイプの路面電車システム
- グリーンムーバーは、ドイツから購入されたLRTの超低床車両である
- 全長30.52m、5両連接、153人乗り
- 床面高さは33cmと、電停の高さとほぼ同じで、ホームとの段差もわずかなため、車いすでも介助なしに乗車できる電停が多い
- 一部の乗降口にはスロープを装備し、乗降扉のうち2カ所は130cmの広い開口寸法となっている

熊本市交通局の超低床電車

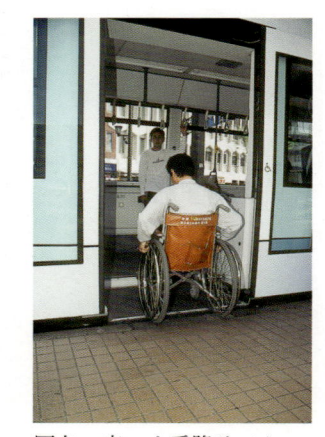

同左・車いす乗降リフト

- 熊本市のLRTは、乗降口の高さは30cm
- 一部の乗降口にはスロープ機構付のリフトを装備している
- 乗降扉のうち2カ所は125cmの広い開口寸法となっている

第3章　車両等の取り組み事例

4．都市内路線バス

大型ノンステップバス

東京都交通局・CNGノンステップバス

- ノンステップバスは、整備された歩道面から、段差なくバス床面に乗降できる
- 車いす使用者等がスロープを使って乗降する際に、スロープの傾斜が緩くなるよう、または一般乗客の段差解消のために、車両乗降口側のエアーサスペンションのエアを抜いて、車体を降下させるニーリング機構を装備（写真は使用中）
- 環境にやさしい天然ガス（CNG）の燃料容器をルーフに搭載

東京都交通局・CNGノンステップバスの乗降口（スロープ）

- 有効幅95cmの乗降口に、72cm（幅）×106cm（長さ）の手動引き出し式スロープを装備
- ニーリング時の床面地上高は21〜23cm程度で、通常時より約9cm低くなる
- 乗降口の端部と床面は黄色で、識別しやすい
- ノンステップバスの手すりは、逆L字型（扉近くは垂直、乗降動線上に水平）
- 中扉は開閉時に安全な引き戸

京都市交通局・ノンステップバス

- 系統番号が大きく、弱視者にも見やすい方向幕の事例
- 経由地を示した側面の方向幕は低位置
- 中扉車外スピーカーの近くに、突起のある呼出ボタンがある

4．都市内路線バス

東京都交通局・ノンステップバスの車内

車いす固定スペース

東京都交通局・ノンステップバスの車いす固定スペース

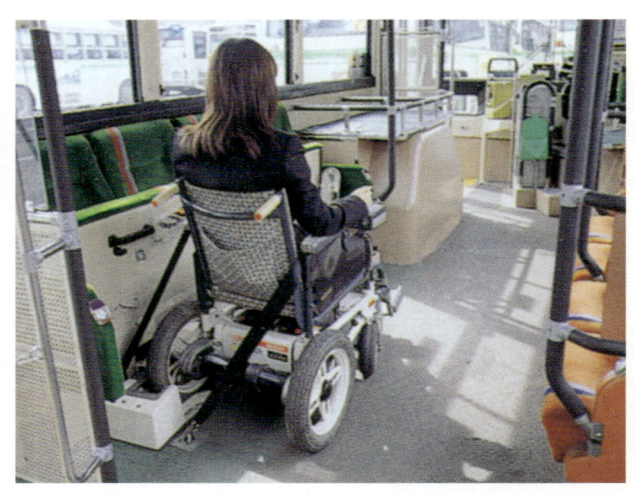

大阪市交通局・ノンステップバスの車いす後輪挟み込み固定装置

- ノンステップバスの車内には、握りやすく、立ち座りしやすい手すり、立席ポストが設置されている
- 危険防止のため乗降口付近の立席ポストは黄色
- 優先席（向かって右のベンチシート）は、乗降の際の移動距離が短くて済むような位置に設置され、立ち座りの際につかまることができるように、立席ポストが設けられている
- 降車ブザーは、座席から（あるいは立った位置から）あまり移動しないで利用できる位置及び個数がある

- 車いすスペースは、乗降しやすい位置（中扉の近く等）に設けられている
- 車いす使用者が乗車した時には、一般乗客の協力を得て、座席をはね上げて車いすスペースとして用いている
- 車いす使用者が利用する乗降口から車いすスペースまでの通路の有効幅（折り畳み式座席の場合は、折り畳んだときの有効幅）は80cm以上（車いす1台の固定に必要なスペースは、長さ150cm、幅80cm、高さ130cm以上）
- 固定方式は、4点式固定ベルト（ISO規格準拠）を採用

- 車いすの後輪を挟んで固定する装置の使用例
- 車いす使用者自身の安全を確保するため、シートベルト（2点式）を着用
- シートベルトは、車いすの肘掛けの下を通している
- 車いす使用者が利用できる位置に降車ボタンを設け、車いすスペースの使用の有無、使用者からの降車合図は運転席に表示される
- 車いすの固定、解放は乗務員のボタン操作による

可変式情報表示装置

東京都交通局・路線バスの大型次停留所名等表示装置

- 大型の次停留所名等表示装置
- 下段には、乗換案内等も表示される
- 次停留所名の表示は車内放送と連動し、降車ボタンを押すと「次とまります」の音声が流れる

料金箱

道北バス・非接触型ICカード対応料金箱

- 乗降時にバス車内の装置にICカードをかざすだけで運賃の支払いが可能
- ケース等に入れたままでも利用でき、乗降がスムーズになった

4．都市内路線バス

小型ノンステップバス

大阪市交通局・小型ノンステップバス

- 架装応用性の高いフロントエンジン、前輪駆動のシャーシをベースとし、客席床面の全てをノンステップかつフルフラット化した小型バス
- 車いす固定スペース、乗降口にグラスファイバー製スロープ等を装備
- 床面地上高は32cmで、－7cmのニーリング機構で25cmまで下がる

金沢市・ふらっとバス（小型ノンステップバス）

- 我が国で最初に運行した小型ノンステップバス
- 一般自動車が入り込めないアーケード商店街の中も運行し、高齢者や観光客が利用しやすくなっている
- 車いす固定スペース、乗降口のスロープ等を装備
- ニーリング機構あり

5. タクシー、STS

スロープ

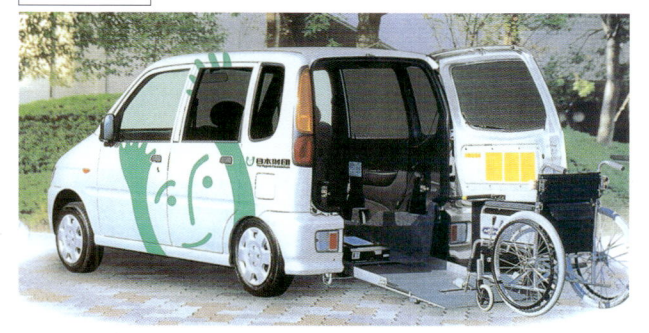

スロープ付STS（日本財団仕様）軽自動車タイプ

スロープ付タクシー

- 車いす使用者の乗降を補助する手段として、後部ドア部分に手動又は電動の乗降用スロープを整備した事例
- 車いす使用者がスロープを使って乗降する際にスロープの傾斜が緩くなるようなニーリング機構を採用
- スロープの表面は滑りやすくない素材
- スロープは、ワンタッチで車両に格納できるものが望ましい

注：STSとは、Special Transport Service の略。狭義では、車いす使用の重度障害者専用の予約制交通。公共交通サービスがあっても利用できないか困難を伴う人の代替手段として特別な交通ということでSTSと称する。

リフト

リフト付タクシー

- 車いす使用者の乗降を補助する手段として、後部ドア部分に乗降用リフトを整備している事例
- 電動リフトは、車内後部に収納
- リフトの左右両側に車いす使用者がつかまっていられるように手すりを設置するとともに、昇降中に転落しないように転落防止板（ストッパ）を設置している
- 使用可能なリフト面は、全長96.5cm×全幅76.2cm
- リフトの誤作動を防ぐため、安全装置が取り付けられている

5．タクシー、STS

車いす固定装置

- 車両床面に車いすを固定するために、4点式固定ベルト（ISO規格準拠）による車いす固定装置を整備した事例
- 車いす使用者の安全を確保するために、シートベルト（3点式が望ましい）を装備
- 車いす使用者の首等の姿勢が苦しくないようにするため、車いす固定スペースの床面は水平になっている

4点式固定ベルト、手動ラッシング（後部）

- 走行中、振動等で緩みが発生した場合でも、自動で緩みを防止する固定ベルト
- 解除レバーを押すと、ベルトはシートベルトのように自動で本体に巻き取られる

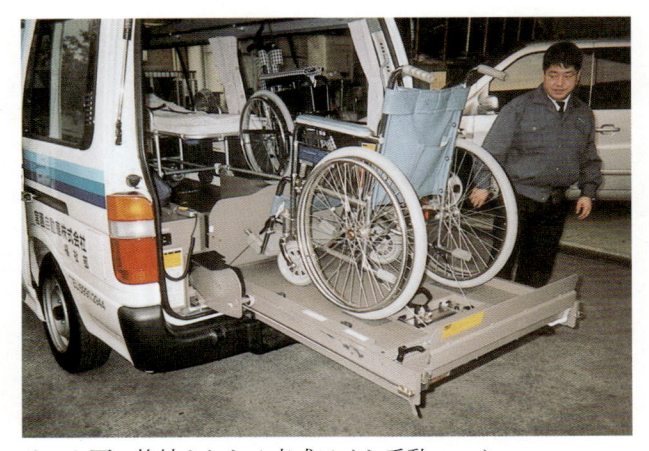

4点式固定ベルト、手動ラッチ式

- リフト面に固定装置が格納されているので、車外で車いすを固定できる
- 車いすの固縛、開放に要する時間が比較的短い

リフト面に格納された4点式ワイヤ手動ロック

第3章　車両等の取り組み事例

6．旅客船
注：タラップ、ボーディングブリッジ等の乗降用設備は、第2章1．10旅客船ターミナルで紹介

- 水密コーミング段差解消の事例
- スペースの制約に配慮しながら、乗下船時のみに使用することができる取り外し可能な補助スロープ板を設置

長崎港・コバルトクイーン号の水密コーミング段差解消

- 補助スロープ板による甲板室出入り口の水密コーミング段差解消

関西国際空港への高速船K－JETの水密コーミング段差解消

萩～見島・おにようず（258t）の水密コーミング段差解消

6．旅客船

佐柳～多度津・新なぎさ丸のいす席

- 車両区域から、いす席まで水平移動できる
- いす席に車いす使用者が車いすから降りて着席する場合や、高齢者や妊産婦等の利用に配慮したいす席の設置が望まれる

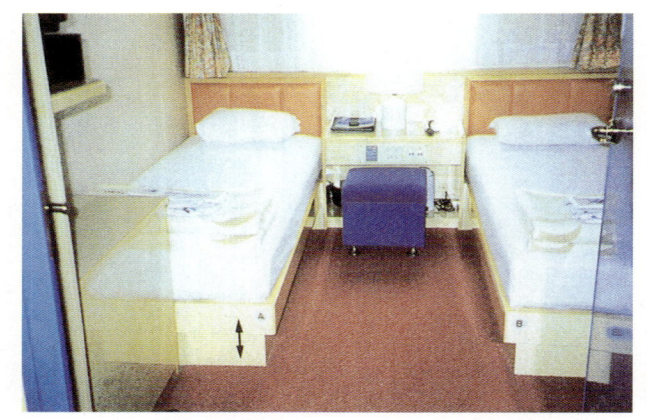

新潟～小樽、しらかば（20,550ｔ）の船室

- 障害者、高齢者対応の船室
- ドア幅は、車いすで通過できる85cmと広い
- ベッドの高さも50cmと低めになっている（車いす使用者等が移乗しやすい高さは40～45cm）

蟹田～脇野沢、かもしか（610ｔ）のトイレ

- 旅客船内の多機能トイレは、障害者等が利用しやすい場所に設置されている
- 旅客船内はスペース的な制約はあるが、車いす使用者が便座までアプローチしやすいスペース、便座の形状が望まれる
- なお、客席～トイレ等の船内旅客用設備へは、全ての利用者がスムーズかつ安全に通行可能なよう配慮することが必要である

参　考

移動円滑化された経路の確保されたターミナルの例

参考　移動円滑化された経路の確保されたターミナルの例

　第1章　街づくりと連携した先進的な取り組み事例で取り上げた、阪急伊丹駅、湘南台駅（小田急、相鉄、横浜市営地下鉄）、ＪＲ四国高松駅、サンポート高松以外で、移動円滑化経路の確保されたターミナルの案内図を紹介する。

１．東急東横線、目黒線、ＪＲ南武線・武蔵小杉駅

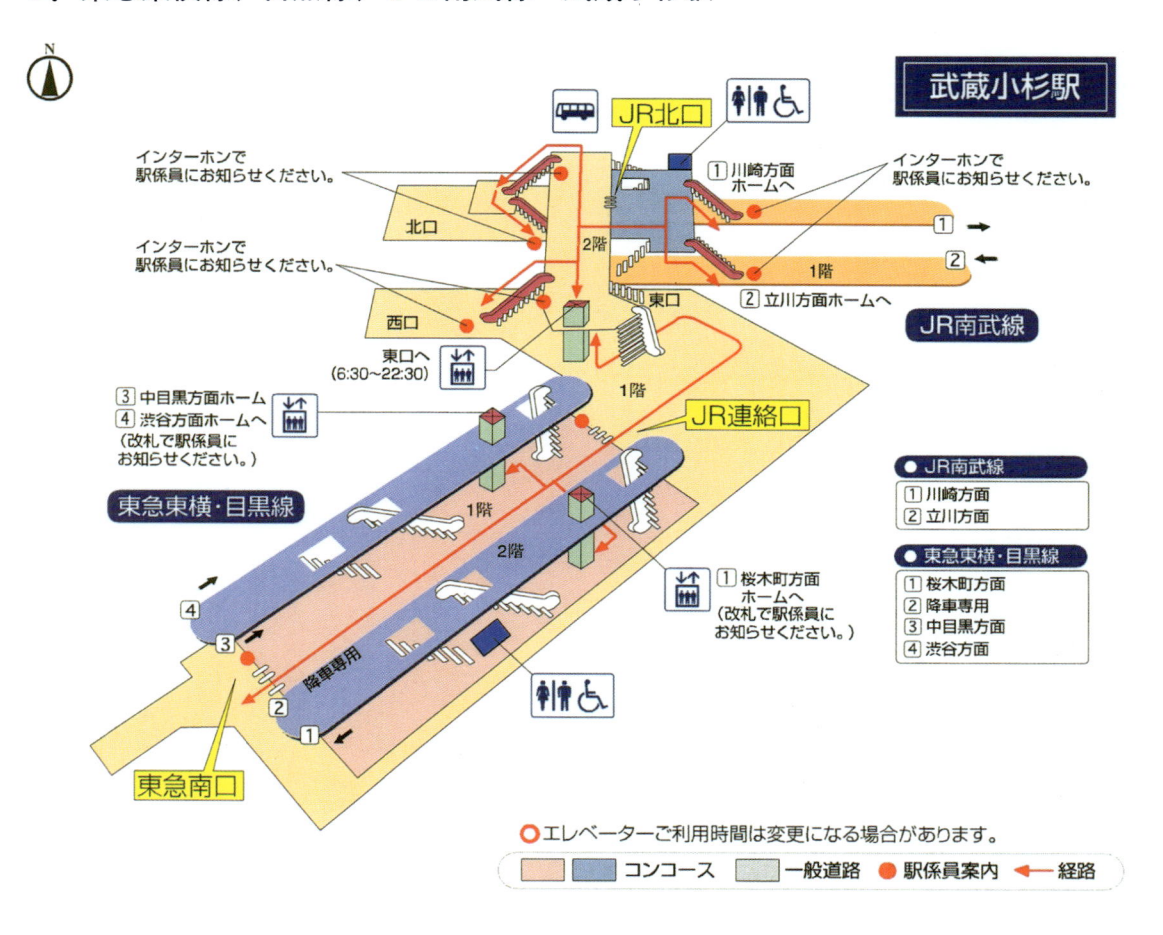

参考　移動円滑化された経路の確保されたターミナルの例

２．近鉄難波線・日本橋駅

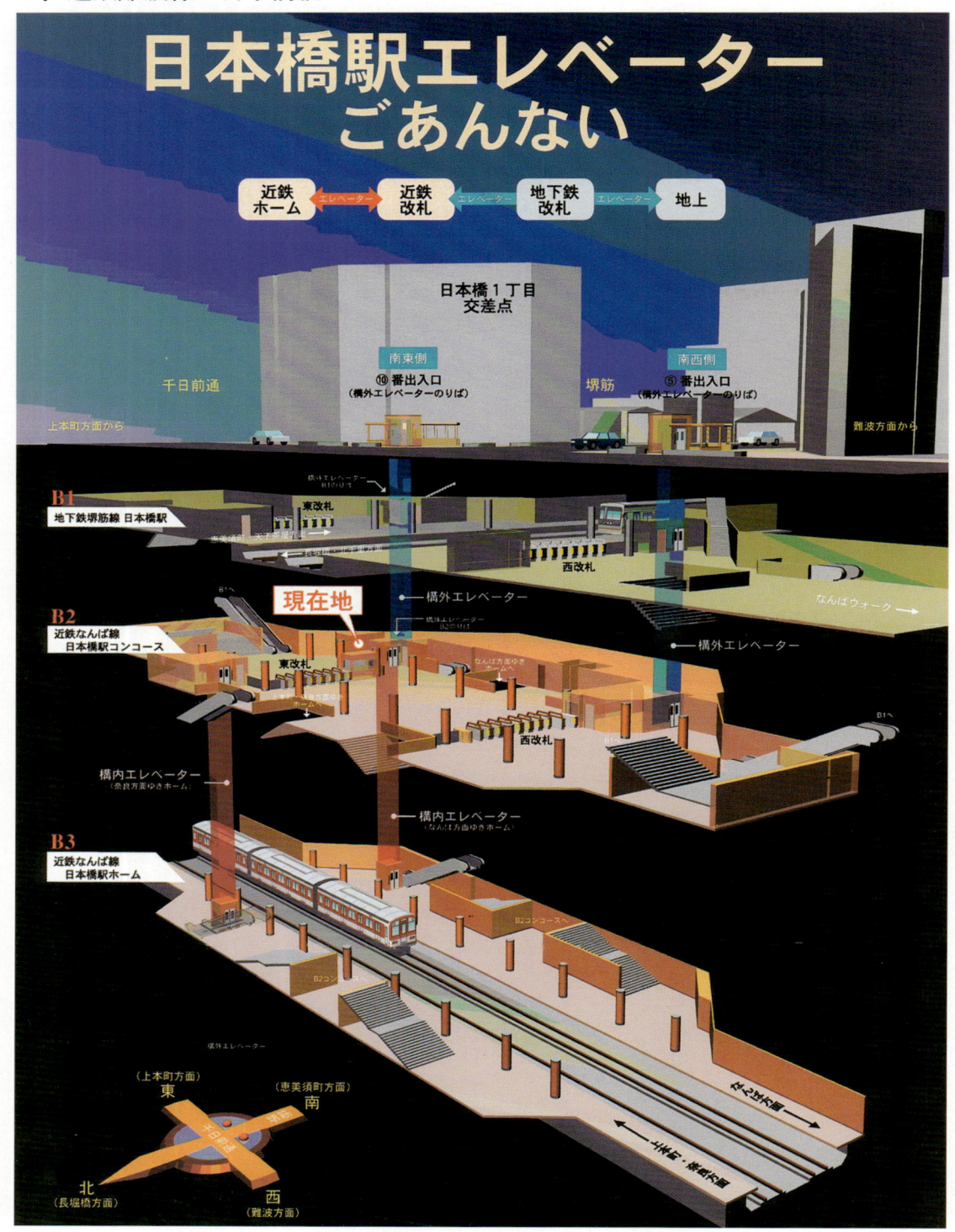

参考　移動円滑化された経路の確保されたターミナルの例

３．埼玉高速鉄道線・浦和美園駅

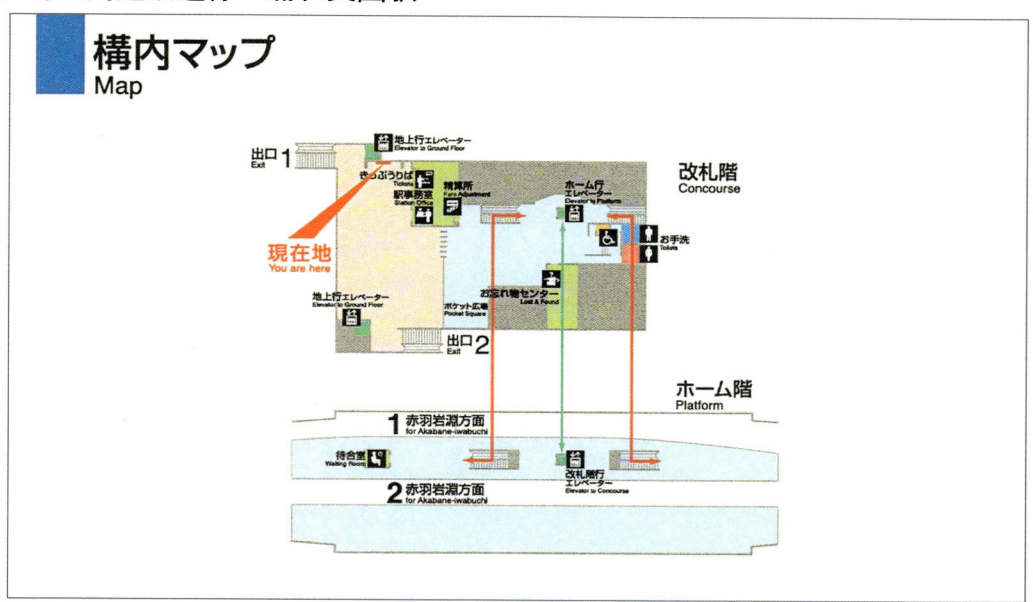

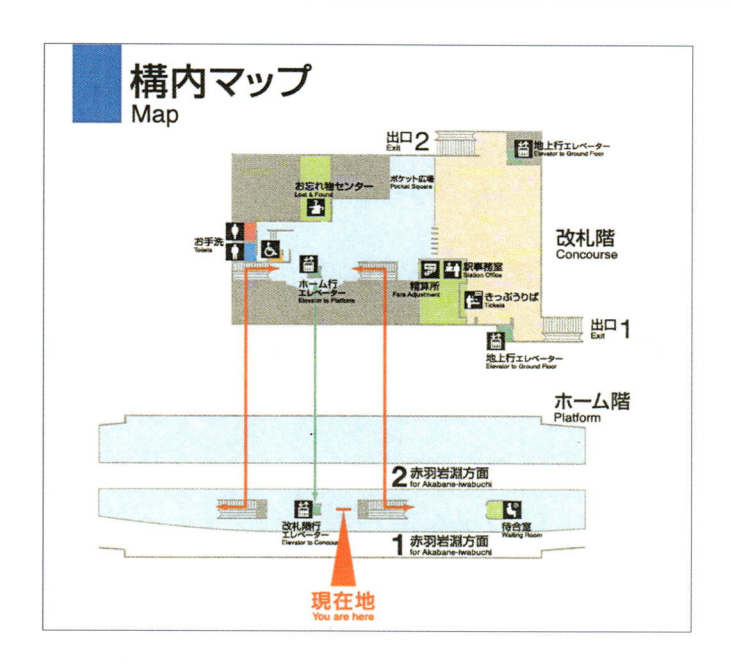

参考　移動円滑化された経路の確保されたターミナルの例

4．ＪＲ東日本・さいたま新都心駅周辺

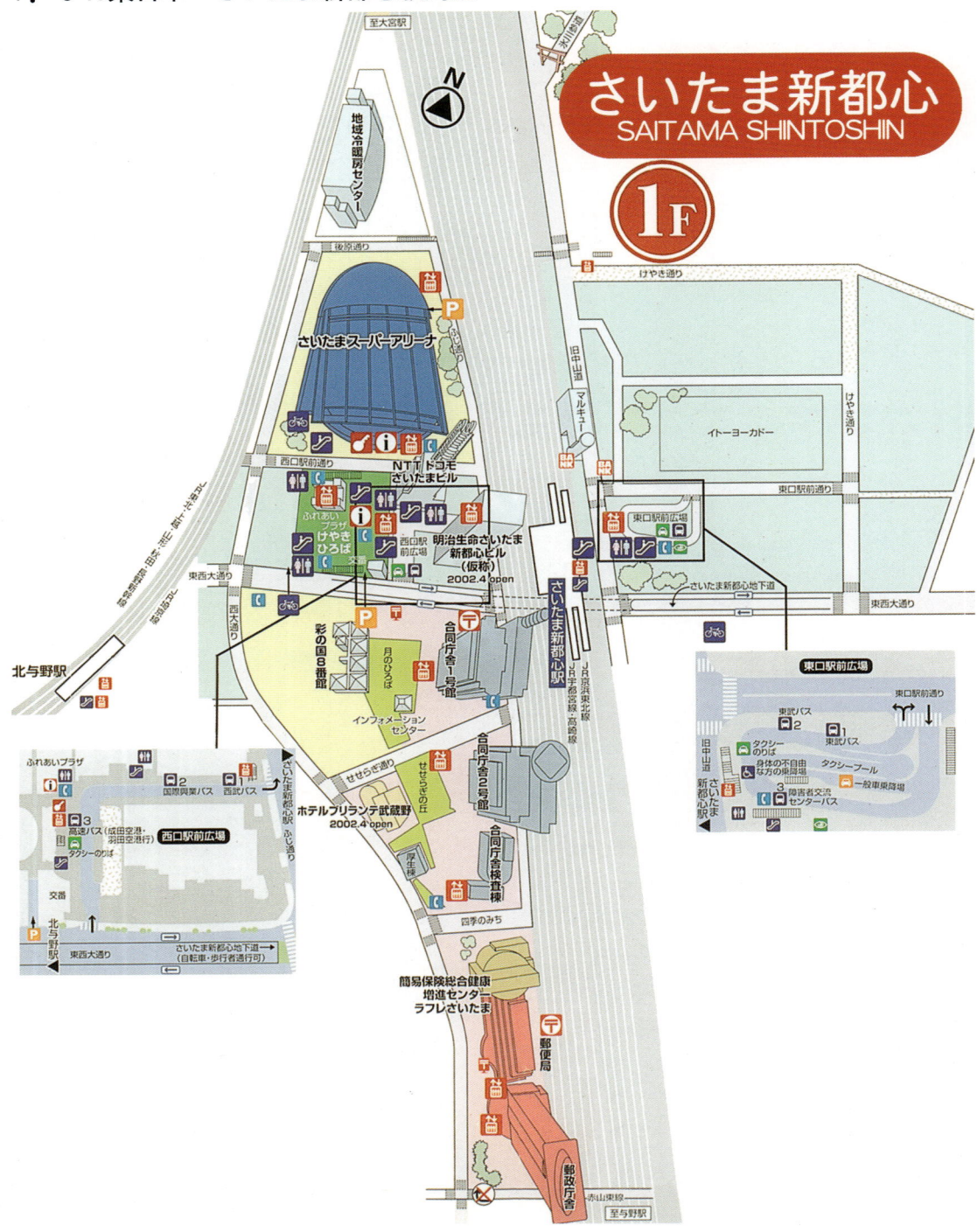

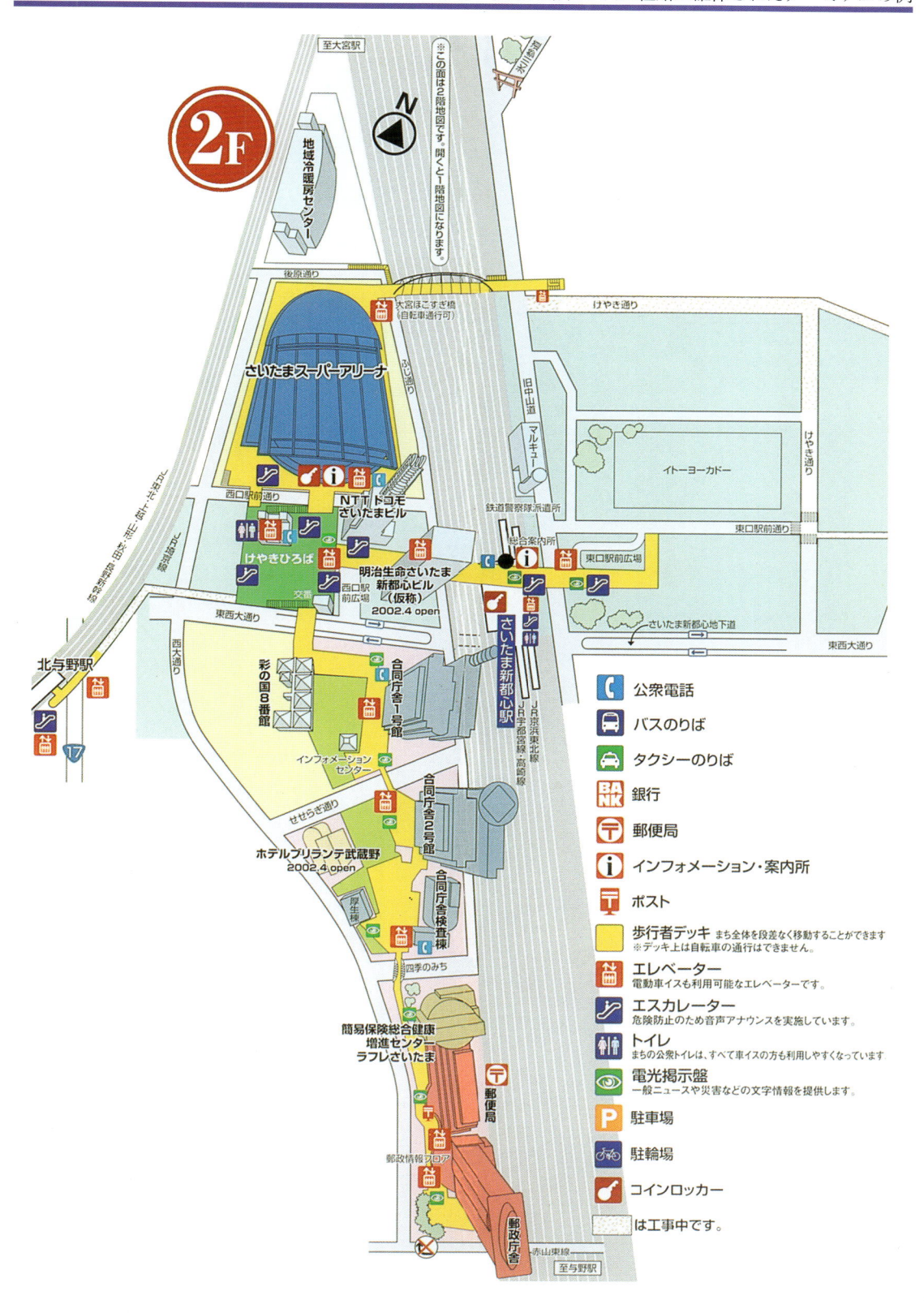

参考　移動円滑化された経路の確保されたターミナルの例

参考　移動円滑化された経路の確保されたターミナルの例

5．神戸港中突堤・中央ターミナル

あとがき

　事例集の作成にあたっては、鉄軌道事業者に対しアンケート調査を実施し、下記の事業者からご協力を頂いた。ただし、紙面の都合上、割愛せざるを得ない事例もあった。

九州旅客鉄道㈱	帝都高速度交通営団	埼玉高速鉄道㈱
四国旅客鉄道㈱	大阪市交通局	埼玉新都市交通㈱
東海旅客鉄道㈱	鹿児島市交通局	スカイレールサービス㈱
西日本旅客鉄道㈱	京都市交通局	嵯峨野観光鉄道㈱
東日本旅客鉄道㈱	熊本市交通局	三岐鉄道㈱
北海道旅客鉄道㈱	神戸市交通局	静岡鉄道㈱
	札幌市交通局	しなの鉄道㈱
小田急電鉄㈱	仙台市交通局	下北交通㈱
近畿日本鉄道㈱	東京都交通局	上信電鉄㈱
京王電鉄㈱	名古屋市交通局	上毛電気鉄道㈱
京成電鉄㈱	函館市交通局	総武流山電鉄㈱
京阪電気鉄道㈱	福岡市交通局	高千穂鉄道㈱
京浜急行電鉄㈱	横浜市交通局	多摩都市モノレール㈱
相模鉄道㈱	会津鉄道㈱	筑豊電気鉄道㈱
西武鉄道㈱	明知鉄道㈱	智頭急行㈱
東京急行電鉄㈱	阿佐海岸鉄道㈱	千葉都市モノレール㈱
東武鉄道㈱	阿武隈急行㈱	津軽鉄道㈱
名古屋鉄道㈱	伊豆急行㈱	㈱東海交通事業
南海電気鉄道㈱	伊豆箱根鉄道㈱	桃花台新交通㈱
西日本鉄道㈱	一畑電気鉄道㈱	土佐電気鉄道㈱
阪急電鉄㈱	井原鉄道㈱	東葉高速鉄道㈱
阪神電気鉄道㈱	伊予鉄道㈱	都市基盤整備公団
北大阪急行電鉄㈱	遠州鉄道㈱	富山地方鉄道㈱
神戸高速鉄道㈱	大阪高速鉄道㈱	豊橋鉄道㈱
神戸電鉄㈱	㈱大阪港トランスポートシステム	長崎電気軌道㈱
山陽電気鉄道㈱	岡山電気軌道㈱	長野電鉄㈱
新京成電鉄㈱	神岡鉄道㈱	能勢電鉄㈱
	関西高速鉄道㈱	阪堺電気軌道㈱
	関西国際空港㈱	広島高速交通㈱
	北九州高速鉄道㈱	平成筑豊鉄道㈱
	京都高速鉄道㈱	北越急行㈱
	くま川鉄道㈱	北総開発鉄道㈱
	熊本電気鉄道㈱	三木鉄道㈱
	くりはら田園鉄道㈱	真岡鐵道㈱
	京福電気鉄道㈱	㈱ゆりかもめ
	弘南鉄道㈱	横浜高速鉄道㈱
		山万㈱

今回、作成に当たっては、「弱視者問題研究会」から弱視者にとってわかりやすい表示の例を多数頂いており、その中から数点使用させて頂いた。ご協力に感謝します。
　また、次の自治体、鉄道事業者には、ヒアリング調査等を実施した（順不同）。改めてご協力に感謝します。

　　　　藤沢市　計画建築部都市計画課
　　　　香川県　土木部サンポート高松推進局施設整備課
　　　　四国旅客鉄道㈱　工務部工事課（高松港頭地区開発推進室）
　　　　伊丹市　建設部（阪急伊丹駅周辺整備推進室）
　　　　阪急電鉄㈱　鉄道事業本部鉄道計画室

参考文献

「公共交通機関旅客施設の移動円滑化整備ガイドライン」交通エコロジー・モビリティ財団、平成13年8月
「障害者・高齢者等のための公共交通機関の車両等に関するモデルデザイン」㈶運輸政策研究機構、平成13年3月
「旅客船バリアフリー～設計マニュアル」交通エコロジー・モビリティ財団、平成12年12月
「阪急伊丹駅アメニティターミナル整備検討　報告書」交通エコロジー・モビリティ財団、平成10年3月

事例集検討ワーキング委員

　　秋山　哲男　　東京都立大学大学院都市科学研究科　教授
　　髙橋　儀平　　東洋大学工学部建築学科　助教授
　　赤瀬　達三　　黎デザイン総合計画研究所　代表取締役

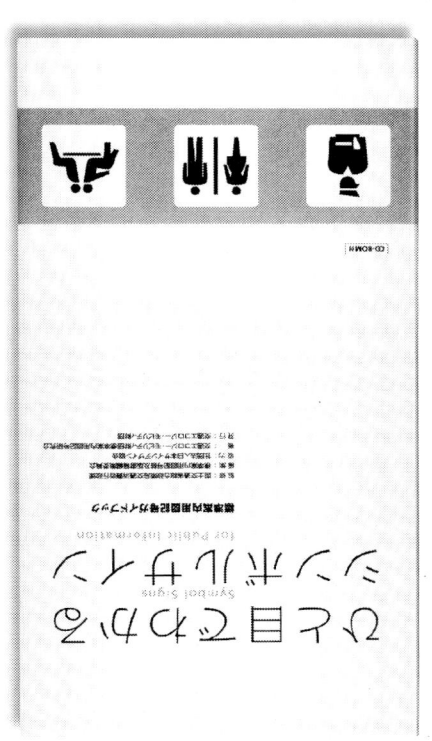

標準案内用図記号の使いかたガイドブックが出版されました! [CD-ROM付]

監修：国土交通省国土技術政策総合研究所
発行：交通エコロジー・モビリティ財団

ひと目でわかる シンボルサイン
Symbol Signs
標準案内用図記号ガイドブック
for Public Information

CD-ROM付
A4判変形
232頁
定価3,990円（本体3,800円）
図書コード6457
溶林美幸

このガイドブックは、一般案内用図記号検討委員会が策定した標準案内用図記号とその標準化プロセスを紹介し、また、サインシステムでの使いかたについて解説したものです。

1 標準案内用図記号ガイドライン

2 標準化にいたるプロセス
2-1 図記号標準化の基本的な考えかた
2-2 図記号の分類と策定項目
2-3 図記号選定における検討事項
2-4 図記号案の検証
2-5 図記号案の改定
2-6 標準案内用図記号の運用普及と認知性

3 サインシステムの設計
3-1 サインシステム計画の基本的な考えかた
3-2 図記号の象徴的表現の原則
3-3 図記号の分節と文字の組み合わせ
3-4 サインの分かりやすさの考えかた
3-5 サインの構成や配置のありかた
3-6 サインシステムへの応用例

4 標準案内用図記号のデザイン
4-1 デザインの監修と改修
4-2 泡形名からのメッセージ
4-3 標準案内用図記号の図版

発売：大成出版社

交通バリアフリーの本
わかりやすい

高齢者、身体障害者等の公共交通機関を利用した移動の円滑化の促進に関する法律の解説

監修／運輸省鉄道局・自動車交通局・海上交通局
建設省都市局・道路局・住宅局
警察庁交通局　自治省行政局地域振興課等
編著／交通バリアフリー法研究会

B5判　230頁　●定価2,625円（本体2,500円）●送料実費

○ 交通バリアフリー関係者のための必携の1冊!!
○ 交通バリアフリー法をQ&A117問でわかりやすく解説!!

- Q. 法の目的・趣旨はどのようなものですか？
- Q. 本法の概要はどのようなものですか？
- Q. 交通のバリアフリー化を進める国、地方公共団体、公共交通事業者等はどのような役割を担っていますか？
- Q. 従来の施設整備がガイドラインに基づく行政指導では十分なのでしょうか？
- Q. 本法は新制度と考えられますが、新旧制度の時代に新たな施策を講ずる必要があることは答えですか？
- Q.「移動円滑化」のイメージはどのようなことですか？

（Q&Aから抜粋）

大成出版社

http://www.taisei-shuppan.co.jp/

大石丘秋弘

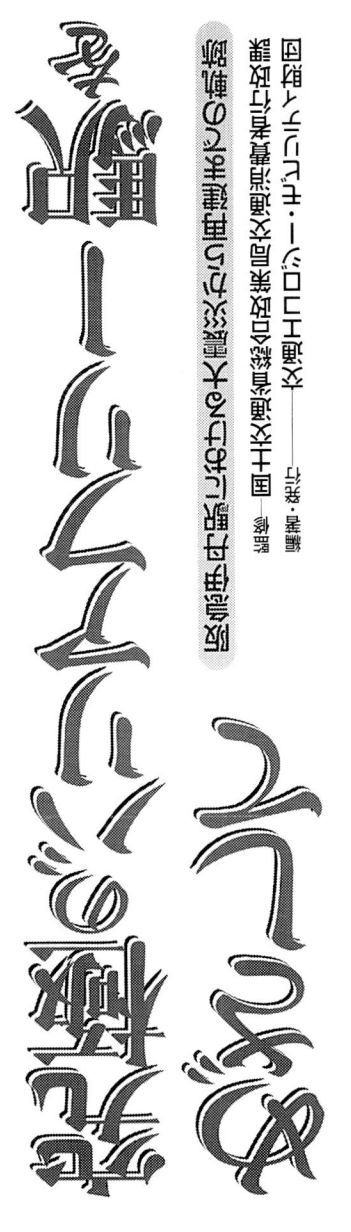

A5判●並製●カバー巻●260頁●定価2,310円（本体2,200円）●図書コード　6428
《ご注文書の際はご連絡下さい》

あやつる建築
サインデザイン

編著・監修：　国土交通省国営福岡総合庁舎合同庁舎
建築中立支援センターにおける大成建築の事例報告

川内美彦
アクセシブルデザイン一級建築士

大震災の被害地から「参画」の取り組みが始まった。水量には、借り入りの利用者・事業者・有職者が参画などを通して、多くの高齢者・若い・障害者などへの手配点を練めたが、これからも通りて求められる。

これからの通り方の利用者の参画によって使われないが、このプロセスでは、共通のバリアフリーが求められる「参画」を受けたりを具体的にして、くのヒントを与えてくれる。

!! 参画したキャンバスにする
!! 強力な徹底事実!!
!! 多角的視点からでが取り方に
!! 秘密を明らかにする!!

写真で見る交通バリアフリー事例集
——人にやさしい交通機関の実現——

2002年2月20日　第1版第1刷発行

監　修　　国土交通省総合政策局交通消費者行政課
編集・発行　交通エコロジー・モビリティ財団
発　売　　**株式会社大成出版社**
　　　　　東京都世田谷区羽根木 1 —7 —11
　　　　　〒156-0042　電話 (03) 3321—4131(代)
　　　　　http://www.taisei-shuppan.co.jp/

印刷　信毎印刷　　　　©2002 交通エコロジー・モビリティ財団

落丁・乱丁はお取り替えいたします

ISBN4-8028-6431-0